로보 파이낸스가
만드는 미래금융지도

ROBO FINANCE

우 리 가 알 던 금 융 의 종 말

로보 파이낸스가
만드는 미래금융지도

· 김지혜 지음 ·

한스미디어

인공지능(AI) 로봇,
금융을 탐하다

30대 직장인 신바둑 씨는 결혼을 앞두고 주택담보대출을 받기 위해 스마트폰을 꺼냈다. 인터넷전문은행 챗봇(Chatbot)에 대고 "나에게 맞춤 주택담보대출을 찾아줘"라고 말하자, 개인 간(P2P) 대출상품이 떴다. 인공지능 시스템은 신 씨가 소셜네트워크서비스(SNS)에 게재한 글을 보고 신용도 분석을 통해 최저금리 해당 상품 가입을 연결했다. 동시에 인공지능은 신바둑 씨의 신용카드 결제내역뿐만 아니라 온라인 쇼핑결제, 자금이체, 자산관리, 공공요금결제, 주택임대 정보, 소비자 이사 기록, 사회관계 등 익명의 빅데이터를 분석했다. 로보 어드바이저는 주택담보대출을 갚는 동안 수익을 낼만한 펀드투자 상품까지 추천해 주었다.

아직 보편화되진 않았지만 가까운 미래 누군가에게는 일상이 될 하루다. 자율자동차, 인간처럼 걷는 로봇, 퀴즈쇼에서 사람을 이긴 인공지능, 투자 심의회에 이사로 참여하는 인공지능 등 최근 로봇과 인공지능의 발전 추세는 눈부시다.

　국내에서 인공지능에 대한 관심이 폭발한 계기는 2016년 3월 있었던 인공지능 '알파고'와 세계 최고의 바둑기사 이세돌의 대국이었다. 당시 구글 인공지능 알파고는 세간의 예상을 뒤로 하고 바둑 최강 이세돌 9단을 4승 1패로 꺾었다. 이 세기의 대국은 전 세계로 생중계되면서 사람들을 엄청난 충격에 빠트렸다.

　사람들을 충격에 빠트린 것은 알파고의 작동원리, 즉 인공지능인 알고리즘에 있다고 해도 과언이 아니다.

　구글은 인공지능을 개발하면서 인간의 직관을 모방하기 위해 '가치망'과 '정책망'이라는 2개의 특별한 알고리즘을 만들었다. '정책망'을 통해 확률이 높은 위치로 탐색의 범위를 좁힌 다음 다시 '가치망'을 가동시켜 각각 위치의 승률을 계산하는 구조다. 인간이 모든 경우의 수를 검토하지 않고 돌을 둘만한 곳을 찾아 수를 읽는 모습과 흡사하다.

　구글은 알파고에게 이 2개의 신경망을 훈련시키기 위해 인간의 바둑대국 데이터 10만 건을 입력시켰다. 이후 알파고가 약 3천만 번의 대국을 치르도록 하면서 자체적인 가치망과 정책망을 발전시켰다. 훈련과 실패의 경험을 통해 스스로 진화하게 만든 셈이다.

이렇게 탄생한 알파고의 뛰어난 능력은 우리에게 '4차 산업혁명'으로 불리는 미래 신산업의 무한한 가능성과 중요성을 일깨워줬다. 이미 많은 정보통신기술(ICT) 회사들은 인공지능과 관련해 선제적으로 회사를 사들이거나 투자를 진행했고 전문 인력을 충원해 본격적으로 개발을 하고 있다.

그렇다면 국내 금융권에서 인공지능의 활용은 어디까지 왔을까.

아직까지는 걸음마 단계다. 해외에서는 이미 인공지능과 금융의 결합에 대한 관심이 폭발적으로 늘어나면서 금융산업 지형이 바뀌고 있는 것과 대조적이다. 해외에 비해 뒤처지지 않기 위해 관심을 갖자는 당위성을 굳이 찾지 않아도, 금융과 인공지능의 결합은 흥미진진하다.

뿌리 깊은 보신주의가 자리 잡은 한국의 정통 금융 산업에 로봇이 등장하는 장면은 생경하다. 공과금 날짜에 맞춰서 로봇이 대신 업무를 처리해주고, 여유자산을 운용해주기도 한다. 건강검진 표를 받아든 로봇이 내가 몇 살에 암에 걸릴지 예측해 보험 상품을 가입해준다.

이는 분명 머지않은 미래에 우리 생활에 일어날 일이다. 금융과 인공지능이 결합한 세계는 무궁무진하다.

왜 '로봇 파이낸스'인가

필자는 경제부와 금융부 기자로 일하면서 최근 4년간 가파른 금융의 변화를 현장에서 지켜봤다. 금융이라면 은행, 카드사와 저축은행 등이 예대마진을 통해 수익을 창출하는 것이 지금까지의 비즈니스 모델이었다. 그러나 벼락처럼 등장한 '핀테크'는 어느 순간 금융권을 넘어서서 경제 전 분야의 큰 화두로 자리 잡았다.

2014년 금융과 IT 결합을 뜻하는 '핀테크'라는 생소한 단어가 신문 지면상에 이따금씩 오르내리기 시작하더니, 2015년이 되자 정부까지 나서서 핀테크를 한국의 미래 먹거리 산업으로 지정하며 급물살을 타기 시작했다. 2016년 정부는 핀테크가 우리나라 산업의 새로운 비즈니스 모델로 부상하고 있는 만큼 국정사업 중 핀테크를 주요사업으로 선포하고 전담부서까지 설립했다.

그렇다면 2017년 금융권에는 어떤 변화가 일어날까. 단언컨대 금융권의 화두는 '핀테크'에서 '로보 파이낸스'로 변할 것이다. 금융과 IT의 단순 결합인 '핀테크'는 이제 과거가 됐다. 인공지능이 고객에게 커스터마이즈(customize)된 금융 서비스를 제공하는 '로보 파이낸스'가 한국 금융의 거대한 혁신으로 떠오를 것이다.

로보 파이낸스는 '인공지능(AI)에 기반을 두고 완벽하게 자동화된 금융'이란 뜻으로 필자가 정의한 단어다.

"인공지능이 등장한 것은 지구에 외계문명이 도착한 것이나 마찬가지다. 그들이 지구에 온다면 큰 변화가 있을 것이며 인류 역사는 바뀌게 될 것이다"

인공지능 분야의 세계적인 석학 스튜어트 러셀 UC버클리대학 교수는 인공지능 발전 속도가 기대보다 훨씬 빠르게 진행되고 있는 점을 주목했다.

알파고의 승리가 흥미로운 이유는 불과 1년 전에만 해도 이런 결과가 나오려면 향후 10년은 걸릴 것으로 예상했지만, 실제로는 1년 안에 실현됐기 때문이다. 이처럼 인공지능과 산업의 융합은 바야흐로 '혁명' 직전에 있다. 지금까지 각종 페이(pay) 등을 필두로 한 핀테크가 한국 금융산업 혁신을 주도했다면, 이제는 미래 금융산업 혁신을 주도할 '로보 파이낸스'를 논의해야 할 때이다.

우리 사회는 완전히 새로운 기술인 인공지능 시대를 맞이했고, 이에 맞춰 인공지능이 금융산업에 미칠 영향 영향력을 예측하고 대비해야하는 과제를 만났다. 기존의 금융산업은 인공지능이란 신기술에 대해 먼저 공부하고 헤게모니를 잡아야만 경쟁력을 확보할 수 있다는 절심함도 필요하다.

모쪼록 이 책이 금융권 종사자 및 예비 종사자들에게 인공지능이 불러올 미래에 대해 고민하는 계기가 되길 바란다.

지은이 김지혜

| 01 |

로보 파이낸스란
무엇인가

01 핀테크,
금융산업을 강타하다

Robo Finance

로보 파이낸스를 논하기 전에, 핀테크에 대해서 살펴봐야 한다. 인공지능(AI)이 부상하기 전에 핀테크는 금융산업을 강타했다. Financial(금융)과 Technology(기술)의 결합을 뜻하는 핀테크(FinTech)는 정보통신기술(ICT) 산업에도 큰 파장을 몰고 오면서 기존 금융 시스템의 파괴적 혁신을 주도하고 있다.

기존 전자금융 서비스는 금융회사가 주도하고 IT기업이 보조 서비스를 제공한 반면, 핀테크는 IT기업이 주도적으로 기존 금융 서비스 영역에 진출하는 것이 특징이다. 핀테크의 성장은 스마트폰과 뗄 수 없는 관계다.

스마트폰의 보편화로 현대인은 더 빠르고 공간의 제약이 없는 서비스 이용이 가능해졌다. 모바일로 상품을 보고, 구매를 결정하며, 결제까지 원스톱으로 진행하는 시대에 우리는 살고 있다. 심지어 소셜 네트워크서비스(SNS)에 등록된 친구에게 버튼 하나로 송금이 가능하며, 대출 서비스도 기존 은행이나 저축은행이 아닌 크라우드 펀딩 플랫폼을 통해 제공받을 수 있다.

이처럼 고객의 핀테크 기반 금융 서비스에 대한 기대는 점차 높아지고 있지만, 기존 은행들은 고객의 기대에 부응하지 못하고 있는 실정이다. 유럽금융마케팅협회(EFMA)가 미국과 스페인에서 실시한 은행만족도 조사에서도 은행 서비스는 고객 기대에 비해 저조한 것으로 나타났다.

2014 EFMA 은행만족도 설문조사 결과

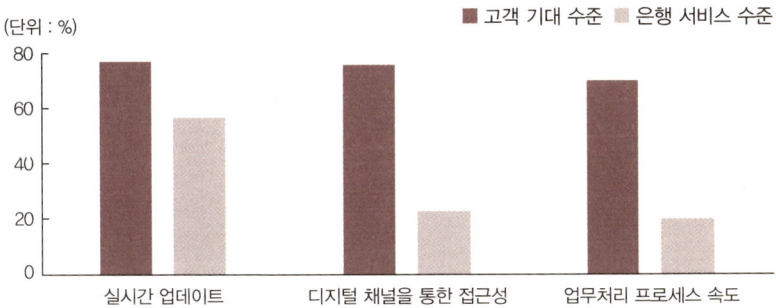

(출처 : European Financial Management Association)

또한 미국인 1만 명을 대상으로 한 컨설팅사의 설문조사 결과 응답자의 4분의 3 이상이 본인들의 금융 서비스 제공자가 은행이 아니고 구글, 아마존, 애플 또는 페이팔이면 좋겠다고 대답했다. 금융위기 이후 경영의 어려움을 겪고 있는 은행산업에 편리함을 무기로 삼는 핀테크라는 새로운 경쟁자가 등장한 것이다.

이처럼 핀테크가 글로벌 금융권 및 IT 산업의 미래 성장동력으로 주목받게 되면서 글로벌 핀테크 시장은 연평균 26.1%의 고성장을 기록하고 있다. 핀테크 기업에 대한 글로벌 투자 규모는 2008년 9억 3천만 달러에서 2014년 122억 달러로 6년새 13배 급성장했다. 기업 가치 10억 달러 이상의 금융 스타트업(이하 빌리언달러 금융스타트업) 업체 수는 2014년 1월 2개에서 2016년 2월 16개로 8배 증가했다. 같은 기간 빌리언달러 금융 스타트업의 기업당 평균 기업가치는 15.5억 달러에서 30.8억 달러로 2배가량 확대됐다.

성공적으로 상장(IPO)한 핀테크 기업들도 속속 등장했다. 로렌스 서머스 전 미국 재무장관이 이사회에 합류해 화제가 되기도 했던 P2P 대출업체 렌딩 클럽(Lending Club)은 2014년 12월 14일 뉴욕증시에 상장하면서 8억 7천만 달러를 조달했다. 이어 12월 17일에는 소상공인을 주 고객으로 하는 온라인 대출업체 온덱(OnDeck)이 상장하면서 2억 달러를 조달하는 데 성공했다.

우리나라는 주요국에 비해 상대적으로 뒤늦은 시기인 2014년 3월 규제개혁 장관회의에서 대통령의 '천송이 코트' 발언으로 액티브엑스(ActiveX)와 공인인증서를 비롯한 전자결제 분야의 규제 문제가 거론되면서 핀테크가 관심 대상으로 부상하기 시작했다. 이어서 금융위원회를 필두로 하여 정부가 대대적인 핀테크 육성 정책에 나서게 되었다.

국내에서는 비교적 뒤늦게 전자결제를 중심으로 논의가 시작되었으나 핀테크는 지급결제, 예금과 대출 등 자금중개, 자산운용, 위험관리, 신용정보관리 등 기존 금융 서비스 영역에 모두 침투했다.

미국, 영국, 중국을 비롯해 국내까지 핀테크 부상을 이끈 공통적인 배경은 '디지털 혁명'을 꼽을 수 있다. 급속한 속도로 보급된 스마트폰을 기반으로 하는 디지털 혁신 환경은 핀테크가 전 세계적으로 부상할 수 있는 단초가 됐다.

2007년 아이폰 출시 이후 새롭게 전개된 모바일 인터넷 시대는 이전과는 또 다른 차원의 디지털 혁신 환경을 조성했다. 소비자 대부분은 고성능 모바일 기기를 경쟁적으로 손에 넣었고, 이것이 광대역 인터넷 망으로 24시간 연결된 오늘날의 모바일 인터넷 환경은 새로운 디지털 혁명의 패러다임을 만들어 냈다.

실리콘 밸리의 대표적 벤처투자가 마크 앤드리슨은 2011년 월스트리트저널에 기고한 〈소프트웨어가 세상을 집어삼키고 있다〉(Software is eating the world)에서 SW가 다른 산업을 집어삼키고 있다고 주장했다. 정보통신기술의 비약적인 발전으로 정보처리비용을 절감할 수 있게 됐고, 전 세계가 인터넷으로 연결되면서 물리적 인프라 구축이나 인력 충원 없이 소프트웨어를 통해서 기존 비즈니스를 빠르게 대체하고 있다는 것이다. 그 예로 도서 산업의 아마존, 유료 방송산업의 넷플릭스, 음반산업의 애플 아이튠즈와 스포티파이 등을 들었으며, 금융도 그러한 트렌드에서 예외일 리 없다.

앤드리슨의 예견은 적중했다. 핀테크는 은행, 증권사 등 기존 금융사 자리를 대체했다. IT기업들은 기존 금융사의 독점 서비스 경계를 허물고 이들보다 빠르고 편리하고 안전한 금융 서비스를 제공해 고객을 유인하고 있다.

모바일 지급결제 분야는 아마존 '원클릭페이'(OneClickPay), 이베이 '페이팔'(PayPal), 알리바바 '알리페이'(AliPay), 구글 '체크아웃'(Checkout), 애플 '애플페이'(Applepay) 등 핀테크 기업이 자사 플랫폼 고객을 대상으로 시장점유율을 확대해 나가고 있다.

글로벌 컨설팅업체 캡제미니(Capgemini) 조사에 따르면 모바일지급결제 분야에서 비은행기업 성장속도(2011~2015)가 은행 성장속도보다 2배 이상 빠른 것으로 나타났다.

이와 동시에 핀테크 기업은 자사 플랫폼을 통해 점차 대출 및 송금 등 전통적인 금융영역으로 영업 범위를 넓히는 등 경계를 허물고 있다. 일부 핀테크 기업은 자사에 특화된 인터넷전문은행을 설립해 은행과 본격적인 전쟁에 돌입했다. 은행들 역시 자회사 설립을 통해 인터넷전문은행을 도입하거나 관련 사업부를 확장해 시장을 선점하기 위한 노력을 지속하고 있어 기존 은행과 핀테크 기업 간 격돌이 앞으로도 이어질 것으로 보인다.

2011-2015 글로벌 모바일 지급결제 시장 변화 추이

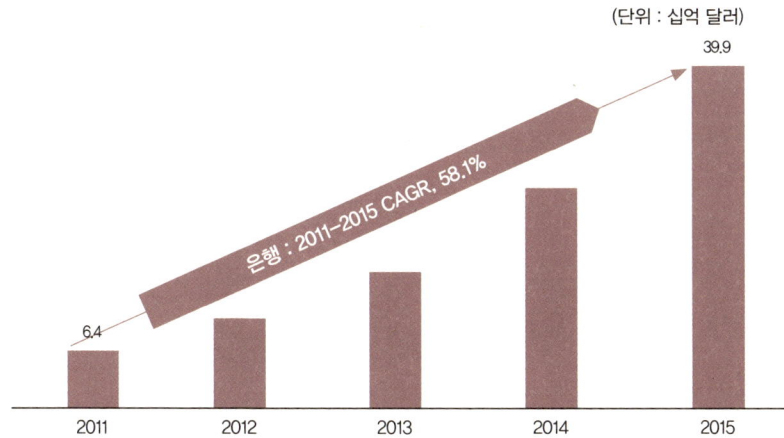

(단위 : 십억 달러)

39.9

은행 : 2011-2015 CAGR, 58.1%

6.4

2011   2012   2013   2014   2015

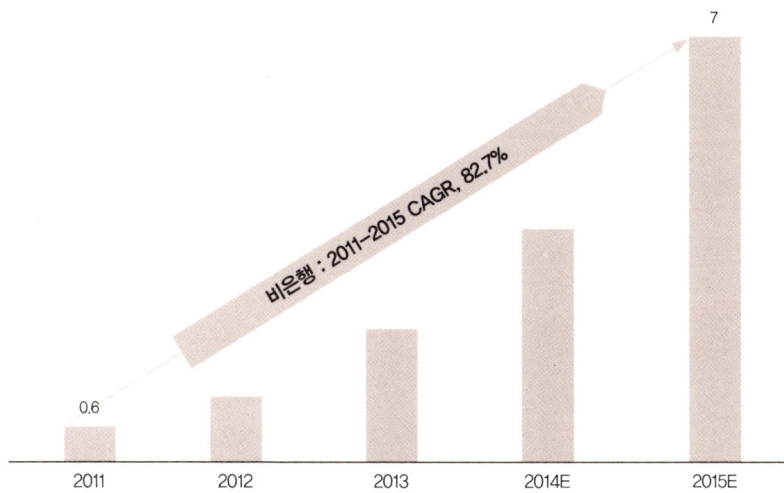

7

비은행 : 2011-2015 CAGR, 82.7%

0.6

2011   2012   2013   2014E   2015E

(출처 : Capgemini Financial Services Analysis 2014. 2014년 · 2015년은 추정치)
주 : CAGR(Compound Annual Growth Rate, 연평균 성장률)

02 한국의 핀테크 시장 현황
Robo Finance

핀테크는 서비스 성격과 유형에 따라 전통 핀테크(Traditional Fintech) 와 신생 핀테크(Emergent Fintech)로 구분한다. 전통 핀테크는 금융회 사의 업무를 지원하는 IT 서비스, 정보기술 솔루션, 금융 소프트웨어 등을 의미하고, 신생 핀테크는 크라우드 펀딩, 인터넷전문은행, 송금 서비스 등 기존의 서비스를 대체하는 새로운 금융 서비스를 의미한 다. 과거 우리나라는 우수한 금융 IT 인프라를 바탕으로 전통 핀테크 에 강점을 보이고 신생 핀테크 성장은 다소 더딘 것이 사실이었다. 그러나 현재 간편결제, P2P금융 등 신생 핀테크 분야도 국내시장에 서 차츰 자리를 잡고 성과를 거두고 있다.

금융위는 신생 핀테크 분야를 ❶ 지급결제, ❷ 송금, ❸ 예금 · 대출, ❹ 투자자금모집, ❺ 자산관리, ❻ 보험, ❼ 기타(빅데이터, 보안 · 인증)

신생 핀테크의 분야별 추진 현황

분야	국내 현황	해외 사례
지급 결제	· 카드사 및 PG사 등 간편결제 서비스 출현 예) 삼성페이, 카카오페이	알리페이(중국) 페이팔(미국)
송금	· 금융회사를 통하지 않고 비금융회사의 플랫폼을 활용한 온라인송 금 서비스 출현 예) 뱅크월렛카카오, 토스	Venmo(미국) Safaricom(케냐)
예금· 대출	· 케이(K)뱅크, 카카오뱅크 등 인터넷 전문은행 예비인가, 2017년 서비스 시작 예정	찰스슈와브(미국) Japan Net(일본)
투자자금 모집	· 투자형 크라우드 펀딩법안 국회 통과 예) 와디즈, 인크, 유캔스타트	미국, 영국, 일본 등
자산 관리	· 사람을 대신해 로보 어드바이저가 직접 자문과 일임 업무를 수행 할 수 있도록 허용	Nutmeg(영국) Wealth front(미국)
보험	· 개별 보험회사 홈페이지를 통한 온라인 보험 가입 · 온라인 보험 슈퍼마켓 '보험다모아' 도입	Aggregator (영국, 미국, 호주)
기타	· 빅데이터 : 빅데이터 가이드라인 마련 및 신용정보집중기관 출범 · 보안·인증 : 공인인증서와 액티브엑스 의무사용 폐지, 생체인증 　개발 본격화, 스마트 OTP 출시, 금융보안원 설립 등	－

(출처 : 금융위원회)

등 7가지로 구분하고 있다.

❶ 지급결제 : 카드사 및 PG사* 등의 간편결제 서비스 출현

몇 해 전만 해도 인터넷, 모바일 쇼핑 중 물건을 구매하려면 신용
카드 번호, 유효기간, 비밀번호, 공인인증서 비밀번호를 일일이 모두
입력해야 했다. 게다가 이렇게 복잡한 단계를 넘어서도 보안 및 결제
프로그램이 설치되지 않았다고 처음부터 다시 반복하라는 메시지가

＊ 신용카드, 계좌이체, 핸드폰 이용결제 등 다양한 소액결제 서비스를 대신 제공해 주는 회사

떠서 결제를 포기하게 만들곤 했다.

이러한 불편을 해소하기 위해 카드사 및 PG사의 간편결제 서비스가 등장했다. 카카오페이, 네이버페이, 페이나우, 페이코 등 간편결제 서비스는 모바일 등에서 물품 구매 시 처음 한 번만 결제정보를 등록해 놓고 간단하게 비밀번호만 누르면 결제가 되는 서비스이다. 페이팔(미국), 알리페이(중국) 등 해외에서 먼저 활성화되었지만 국내에서도 천송이 코트 문제 이후 공인인증서 사용의무 폐지, 액티브엑스(ActiveX) 제거 등을 통해 많은 업체들이 빠르게 진입하고 있다.

❷ 송금 : 금융회사를 통하지 않고 비금융회사의 플랫폼을 활용한 온라인송금 서비스 출현

금융회사의 실시간 이체가 발달하지 않은 해외에서는 페이스북이나 스마트폰 주소록을 이용해 지인에게 송금 가능한 서비스 등 비금융회사의 플랫폼을 활용한 자금이체 서비스가 발달했다. 우리나라의 경우 금융공동망을 구축해 자금결제 및 정보유통을 원활하게 하는 금융결제원이 잘 발달되어 있어 실시간 은행 송금에 큰 불편함은 없다. 하지만 해외와 같이 금융회사를 통하지 않고 SNS 업체 등 비금융회사의 플랫폼(예 : 뱅크월렛카카오*, 토스)을 활용한 자금이체 서비스

---

* 2016년 12월 30일 서비스 종료

도 출시돼 서비스 선택지가 넓어졌다.

❸ 예금 · 대출 : 인터넷전문은행 도입 방안 마련(자세한 내용은 4장의 인터넷전문은행 항목 참조)

인터넷전문은행은 영업점과 같은 점포 없이 업무의 대부분을 온라인으로 진행하는 비대면 금융 서비스를 제공한다. 금융당국은 24년 만에 카카오 컨소시엄과 KT 컨소시엄에 인터넷전문은행 예비 인가를 내줬다. 예비인가를 받은 두 인터넷전문은행은 예금, 대출, 결제 등 일반은행과 동일하게 업무범위를 적용해 다양한 서비스를 개발 중이며 2017년 본격적인 서비스를 시작할 예정이다.

❹ 투자자금 모집 : 투자형 크라우드 펀딩법안 국회 통과

크라우드 펀딩은 군중(crowd)으로부터 자금조달(funding)을 받는다는 의미로, 자금이 필요한 개인, 단체, 기업이 웹이나 모바일 네트워크 등을 이용해 불특정 다수로부터 자금을 모으는 것을 의미한다. 2016년 7월 크라우드 펀딩법안이 국회 본회의를 통과했다. 크라우드 펀딩 성공기업에 대해서는 등록만으로 스타트업 전용 거래시장(KSM)에서 주식거래를 할 수 있도록 허용했고 중견기업도 크라우드 펀딩에 참여할 수 있도록 문턱을 낮췄다.

❺ 자산관리 : 사람을 대신해 로보 어드바이저가 직접 자문·일임 업무 허용

금융위는 자본시장법을 개정해 로보 어드바이저가 직접 고객에게 자문하고 고객의 자산을 운용하도록 허용하겠다고 밝혔다. 현재 자본시장법은 자문·운용업자에게만 자문·일임업무를 허용한다. 이 때문에 로보 어드바이저가 사람의 지시 없이 자문 활동을 할 수 없었고, 자문·운용업자가 로보 어드바이저의 분석 결과를 활용하는 서비스만 가능했다. 금융위는 △투자자 성향분석 △투자자 포트폴리오 분석 △고객정보 보호 △해킹 방지 등의 보안성 △공개 테스트 통과 등의 요건을 갖춘 로보 어드바이저에 한해 고객에 대한 직접 서비스를 허용한다.

❻ 보험 : 온라인 보험 슈퍼마켓 '보험다모아' 도입

보험산업이 발달한 영국·미국에서는 인터넷에서 여러 가지 보험상품을 비교하여 원스톱 쇼핑을 할 수 있는 새로운 판매 채널이 등장했다. 우리나라는 개별 보험회사 홈페이지를 통한 온라인 보험 가입은 가능하나 다수의 보험상품을 한 번에 비교·검색하여 가입하는 것은 불가능한데 이제 인터넷에서 비교·검색하여 가입할 수 있도록 한 온라인 보험슈퍼마켓 '보험다모아'가 출시됐다.

보험다모아는 2017년 상반기 네이버, 다음 등 포털에서 자동차보험을 검색하면 보험다모아의 실제 보험료 조회 기능과 보험사 홈페이지의 온라인 전용상품 가입까지 연계되는 서비스도 추가할 예정이다.

❼ 보안 · 인증 : 공인인증서와 액티브엑스 의무사용 폐지, 생체인증 개발 본격화

간편결제 서비스가 등장하기 전까지는 인터넷 뱅킹이나 온라인 쇼핑 시 공인인증서와 액티브엑스 등의 복잡한 절차를 거쳐야 했다. 그러나 공인인증서와 액티브엑스 의무사용이 폐지되면서 이를 대신할 보안기술이 요구되고 있다. 이로 인해 홍채인식이나 지문인식 등의 생체인증 개발 및 모바일 보안기술이 활발히 개발되고 있다.

2017년부터는 정부기관 운영 사이트에 홍채 · 정맥 등 생체인증을 포함한 비대면 본인 확인 서비스가 도입될 예정이다. 이후 무인발급기, 현금인출기(ATM), 모바일 인증, 전자여권 등으로 신규 온라인 인증 채널을 확대 적용할 계획이다.

금융사의 오프라인 점포, 자취를 감추다

Robo Finance

"우리에게 필요한 것은 은행 서비스이지 은행이 아니다."

인터넷이 막 태동하던 1994년 마이크로소프트 창업자 빌 게이츠는 후대까지 두고두고 인용될 말을 남겼다. 무려 20년이 넘은 그의 말은 현재 핀테크가 부상한 금융업계에서 회자되고 있다. 그는 인터넷의 부상으로 은행을 방문해야만 가능했던 은행업무가 온라인으로 처리될 것을 예고했던 셈이다.

빌 게이츠의 예언은 인터넷 초창기에는 적중하지 못하다가 모바일 시대가 열리면서 핀테크라는 현상으로 구현되고 있다. 핀테크는 굳이 금융사의 오프라인 점포에 가지 않고도 충분히 금융 서비스를 이용할 수 있게 해주었다. 금융 서비스(banking)와 금융회사(bank)를 분리할 수 있게 된 것이다.

수많은 금융 스타트업들은 애플리케이션(앱)이나 혁신적 서비스로 금융업에 뛰어들었다. 전국 각지에 지점망을 보유한 금융사와 이들 금융회사를 연결시키는 금융 인프라를 거치지 않더라도 앱스토어를 통해서 금융 소프트웨어를 설치하면 금융 서비스를 제공하고 이용할 수 있는 환경이 마련됐다.

개인과 기업을 언제든 연결할 수 있는 모바일 기기와 크라우드 기술의 발전으로 막대한 물리적 자산에 대한 투자를 대체하게 됐다. 아프리카 케냐의 엠페사(M-Pesa)는 금융 인프라가 미흡한 상황에서도 이동통신 인프라를 통해서 지급결제, 송금 등 기본적인 금융 서비스를 융성시킬 수 있었다.

국내에서도 이제 점포보다는 비대면 금융 서비스가 보편화되기 시작됐다. 이 영향으로 동네에 자리 잡고 있던 은행 점포들이 조금씩 자취를 감추고 있다. 건물 1층에 목 좋고 넓은 점포를 꾸렸던 은행들은 이제 짐을 싸서 임대료가 싼 2층의 미니점포로 이사를 가거나, 아예 점포의 통·폐합에 나섰다.

시중은행의 점포 수는 2012년 말 4,720개를 정점으로 감소추세다. 2013년(4,598개), 2014년(4,419개), 2015년(4,311개) 등 지속적으로 감소하고 있다. 시중은행은 최근 3년간 매년 100개 이상의 점포를 줄여나가고 있다. 이 기간에 400여 개의 점포가 사라진 것이다.

은행들이 대대적으로 점포를 축소하는 이유는 모바일뱅킹 등 비대면 거래 확산이 빨라지면서다. 모바일로 은행 업무를 처리하는 사람이 많아지면서 점포 방문 고객이 급격히 줄고 있다.

증권사의 상황은 은행보다 더 심각하다. 2010년 말 1,790곳에 달하던 증권사 지점은 2016년 3월 기준 1,110곳으로 38% 감소했다. 글로벌 금융위기 등 대외변수로 시장이 힘들어지면서 줄어든 부분도 있고 그동안 꾸준히 벌어진 업권 내 인수합병에 의한 감소분도 있다. 그러나 증권사 지점 감소에 가장 큰 영향을 미친 것은 홈트레이딩시스템(HTS), 모바일트레이딩시스템(MTS) 등의 도입과 확산이다. 언제 어디서나 거래가 가능해지면서 굳이 지점을 찾을 필요가 없어졌기 때문이다.

저금리와 경기 침체에 따른 수익성 악화로 금융권 일자리도 줄었다. 2016년 6월 말 기준 시중은행과 국책은행 등 특수은행 직원은 모두 13만 2,170명으로 2006년 12월 말(13만 990명) 이후 9년 6개월 만에 가장 적은 수준이다.

이와는 대조적으로 모바일뱅킹 이용은 급증하는 추세다. 국내 모바일뱅킹 등록 고객이 7,000만 명을 돌파했고 국민 1인당 하루 1회 이상 모바일뱅킹을 이용하는 것으로 나타났다. 하루 평균 이용금액도 3조 2,000억 원에 육박했다. 2015년 말 기준 한국 인구가 약 5,107만 명(통계청 인구주택총조사)이었던 점을 감안하면 국민 1명당 스마트폰뱅킹 이용 횟수는 하루 평균 1회 이상이 되는 셈이다. 예전처럼 목

좋은 곳에 지점을 차려놓고 고객을 기다리는 영업으로는 온라인 · 모바일이 대세인 시장을 따라가기 어렵다는 사실을 보여주는 것이다.

손가락 터치만으로 계좌개설, 조회, 송금, 카드발급, 대출까지 이뤄지는 '내 손 안의 은행'이 현실화됐다. 은행점포가 가까운 미래에 완전히 자취를 감추는 것은 당연한 수순일지 모른다.

04 간편·편의 앞세운
금융사의 '모바일뱅크' 러시
Robo Finance

"모바일뱅크 설립이라는 트렌드를 따라가지 않고 배길 수 있겠습니까?"

한 시중은행 임원이 한 말이다. 그는 자의반 타의반으로 자사 모바일뱅크에 경쟁적으로 신기술을 도입하고 있다고 말했다. 경쟁사에 뒤지는 것을 두고만 볼 수는 없기 때문이다.

핀테크 기업뿐만 아니라 인터넷전문은행 등 IT기업 주도의 금융서비스가 본격화되면서 기존 은행들도 '내 손 안의 은행'이라 불리는 모바일은행으로 무한경쟁에 돌입했다.

최근 은행들이 내놓은 모바일은행은 그간 선보였던 단순 계좌조회나 자금이체 등을 주목적으로 하는 기존 모바일뱅킹 앱보다 진일보한 측면이 있다. 송금이나 환전 등 기본적인 금융업무뿐 아니라 게임, 쇼핑 등 생활밀착형 서비스를 탑재해 누구나 이용할 수 있는 범용성을 강조하고 있다.

은행들이 모바일은행 강화에 나서는 것은 모바일뱅킹 이용 고객이 늘어난 만큼 좀 더 편하고 빠른 서비스에 대한 수요를 충족시키기 위해서다. 특히 계좌이동이 쉬워지고 2017년 인터넷전문은행이 서비스를 본격적으로 시작하기 전에 기존의 충성 고객들을 붙잡고 시장을 선점하려는 노력이다.

최근 쏟아지는 모바일은행은 송금이나 환전 등 기본적인 금융업무뿐만 아니라 게임, 쇼핑, 더치페이 등 생활밀착형 서비스를 탑재해 누구나 이용할 수 있는 범용성을 강조한다.

우리은행이 지난해 5월 금융권 최초로 위비뱅크를 선보인 이후 써니뱅크(신한은행), 원큐뱅크(KEB하나은행), 아이원뱅크(IBK기업은행), 리브(KB국민은행), 올원뱅크(NH농협은행) 등이 속속 등장했다. 모바일은행은 비대면 방식으로 이루어지면서 처리비용 절감, 실시간 거래에 따른 편의성 증대, 글로벌 거래 용이성과 같은 특징으로 은행 경영성과에 긍정적인 영향을 미칠 것으로 예상된다. 또 은행은 점포 확장 등과 같은 제반 비용을 들이지 않고도 모바일은행을 통해 금융소비자에게 다양한 서비스를 제공할 수 있어 수수료 인하, 금리 우대 등과 같은 혜택을 제공할 수 있다.

모바일은행이 확산되면서 비대면 실명인증 방식도 다양해지고 있다. 금융당국에서 비대면 실명인증을 허용한 이후 신분증 사본 제출, 기존계좌 활용, 휴대전화 인증, 영상통화, 생체인증 등이 다양하게 시도되고 있다.

최근에는 편의성 측면에서 뛰어난 지문이나 홍채 등을 활용한 인증 서비스가 주목받고 있다. 생체인증을 인식할 수 있는 스마트폰 보급이 빨라진 것도 영향을 미쳤다. 고객의 지문이나 홍채 · 정맥 등 금융거래에 사용되는 개인 바이오 정보의 유출 및 도용을 막기 위해, 관련 정보를 금융회사와 금융결제원 분산관리센터에 나눠 보관하는 표준안이 제정되면서 보안도 한층 강화됐다.

신한은행은 셀프뱅킹 창구인 '스마트라운지'의 생체 인증 수단을 2017년 홍채 · 지문 등으로 확대할 계획이다. '스마트라운지'는 국내 최초로 손바닥 정맥을 활용한 생체 인증으로 비대면 실명인증 서비스를 가능하게 한 무인점포다. 우리은행도 '위비뱅크'에 홍채 인증 기능을 담기 위해 개발 중이며, 도입 예정인 무인 점포 '디지털 키오스크'도 홍채 인증이 가능하도록 할 예정이다. 갤럭시노트7 단종으로 현실화되지 못했지만, 머지않아 홍채인증이 가능한 스마트폰 출시는 금융소비자의 인증 패러다임을 바꿀 것으로 보인다.

이와 동시에 모바일은행을 통한 자동차금융, 오픈마켓, 부동산 대출 등 새로운 수익원 발굴도 빨라지고 있다. 신한은행은 '써니뱅크'에서 모바일 전용 오토론 상품인 '써니 마이카 대출'을 선보였고, 우리은행도 '위비뱅크'를 통해 대출이 가능한 모바일전용 자동차대출 '위비 모바일 오토론'을 출시했다. 또 위비뱅크는 우수중소기업 500여 개가 상품 50만 개를 판매할 수 있는 '위비마켓'도 운영중이다. 누구나 접속해 쇼핑할 수 있는 오픈형 쇼핑몰이다.

우리은행은 모바일 전용 대출상품 '위비 방콜론'을 출시했다. 부동산114의 모바일 부동산 중개 플랫폼인 '방콜'과 제휴해 원룸이나 오피스텔 등 방을 구하면서 자금이 필요한 경우 돈을 빌려주는 위비뱅크 전용 대출상품이다.

각 사마다 모바일은행 기능들이 쏟아져 나오고 있지만 서비스 측

주요 은행 모바일 플랫폼 현황 비교

은행	명칭	출시일	주요 특징
우리은행	위비뱅크	2015년 5월	· '위비톡' 메신저, 게임, 음악, 위비마켓 등 서비스 · 홍채인증 도입 준비 중
IBK기업은행	아이원뱅크	2015년 6월	· 대출, 상담, 자산관리 등 모든 금융거래를 하나의 앱으로 통합 · 비대면 자산관리, 간편송금 서비스
신한은행	써니뱅크	2015년 12월	· 중금리 대출, 자동차 대출 등 모바일 특화 상품 · 타행 고객도 이용 가능한 모바일 환전 서비스
KEB하나은행	원큐뱅크	2016년 2월	· 공인인증서 대신 지문으로 계좌이체 · 휴대전화 번호만으로 해외 송금 가능
KB국민은행	리브	2016년 6월	· 일정 모임관리, 경조사비 보내기, 더치페이 등 생활 서비스 제공 · 거래고객 아니어도 비대면 통장 개설
NH농협은행	올원뱅크	2016년 8월	· 증권, 보험 등 전 계열사 금융상품 가입 가능 · 환전, 여행정보 등 여행패키지, 지방세 스마트고지, 납부 서비스 · 지문인증으로 계좌이체

(출처 : 각 사 취합)

면에서는 차별성이 없다는 지적도 나온다. 예를 들어 모든 모바일뱅크가 경쟁적으로 내놓은 전화번호만으로 간편 송금을 하는 서비스는 이미 카카오, 토스 등 IT기업에서 수개월 전에 내놓은 서비스였다. 금융이란 본질을 유지하되, 지금까지 경험하지 못한 새로운 서비스를 창출해야만 모바일은행 대전에서 승기를 잡을 수 있지 않을까.

카카오뱅크 VS K뱅크 격돌,
텐센트 · 알리페이 넘어설까

05
Robo Finance

"국민메신저 카카오톡을 기반으로 '내 손 안의 은행'을 만들겠다"

– 윤호영 카카오뱅크 대표

"공중전화와 편의점을 무기로 '우리 동네 은행'을 선보이겠다"

– 김인회 K뱅크 컨소시엄 단장

    2015년 11월 30일 서울 중구 은행연합회. 예비인가를 받은 K뱅크와 카카오뱅크가 사업계획을 처음 공개하는 기자간담회를 열었다. 수백 명의 취재인파로 간담회장에는 발 디딜 틈이 없었다. 당시 언론사에서는 금융출입기자와 IT기업출입기자 중 누가 취재에 나설지 혼선이 있었다는 우스갯소리도 나왔다. 그만큼 '인터넷전문은행'은 지금까지 존재하지 않았던 생소한 이름이었다.

인터넷전문은행은 '핀테크의 꽃'으로 불린다. IT기반 금융 서비스를 종합적으로 제공할 수 있는 은행이기 때문이다. 인터넷전문은행은 기존 금융사가 금융업을 독점했던 시장 경계를 허물고, IT기업이 은행업을 주도하는 것이 특징이다.

카카오뱅크는 국민메신저로 불리는 카카오톡을 기반으로 '내 손 안의 은행'을 표방한다. 윤 대표는 카카오톡 인프라를 최대한 활용해 초기 시장진입과 각종 비용절감 등을 주요 무기로 제시했다.

우선 신개념 신용등급이라 할 수 있는 '카카오스코어'가 눈에 띄었다. 금융권 거래 경력만 토대로 했던 기존 금융사들의 10단계 신용등급 체계에 SNS(카카오)·금융사(KB국민은행, 한국투자금융지주 등), 온라인쇼핑몰(이베이, 예스24 등) 등에서 끌어 모은 빅데이터(SNS 활동, 온라인쇼핑 결제내역 등)를 반영, 세분화해 10%대 중금리 대출 근거자료로 삼겠다는 것이다.

카카오뱅크는 기존 금융 서비스를 더 편리하고 쉽게 생활에 녹아들도록 하는 것을 목표로 했다. 계좌번호 없이 카톡 아이디로 송금이 가능하고 공과금 역시 카톡으로 청구받고 납부도 가능해진다. 예금이자의 활용도도 높였다. 이자를 현금 대신 카카오택시 포인트, 예스24 상품권, 온라인게임 아이템 등으로도 받을 수 있는 '카카오 유니버셜 포인트'도 도입된다. 고객이 휴대폰 앱을 통해 24시간 자신의 자산현황 및 상품·투자정보를 자문받을 수 있는 '금융봇 서비스'도 제시됐다.

K뱅크는 공중전화와 편의점을 무기로 '우리 동네 은행'을 내세웠다. 카카오은행(11개)보다 훨씬 많은 컨소시엄 참여업체 망(21개)을 이용해 고객과의 접점을 최대한 넓힌다는 계획이다. 이동통신(KT), 금융(우리은행, 현대증권, 한화생명 등), 쇼핑(GS리테일 등) 같은 다양한 서비스를 이용하던 고객이 필요할 때 언제든 K뱅크 서비스로 연결(오픈 API 뱅킹)되도록 하겠다는 것이다. KT 공중전화 부스 7만 개를 현금자동입출금기(ATM)로 활용하는 방안도 이 중 하나다.

K뱅크 역시 참여사들의 빅데이터를 기반으로 중위 신용등급의 고객 리스크를 정교하게 평가해 중금리 대출을 확대할 계획이다. 특히 고객이 자동차지점을 방문할 때에는 오토론, 부동산중개소를 찾을 때에는 아파트담보대출 등을 즉시 추천한다. SOHO 창업대출, 여행자보험도 취급한다.

이밖에 은행 서비스의 편리성을 높여 계좌번호 없이 휴대폰 번호와 이메일 주소를 기반으로 하는 간편 송금 및 이체 서비스도 선보이며 1,800만 모바일 가입자, 600만 IPTV 가입자는 물론 오프라인 대리점, 편의점 등 다양한 모집채널을 기반으로 각종 생활편의 혜택을 결합한 '디지털 이자 예금' 상품도 도입하기로 했다.

카카오뱅크, K뱅크 두 인터넷전문은행은 다른 듯 비슷한 전략을 내세웠다. 은행점포를 방문하지 않고도 원하는 금융 서비스를 언제 어디서나, 시 · 공간을 초월해 누릴 수 있다는 공통점이 있다. 손 안의 모바일이 일상이 된 세상에서 은행 서비스 채널도 자연스럽게 변화하게 된 것이다.

인터넷전문은행은 고객 만족도 역시 확대시킬 것으로 예상된다. 저성장 저금리 기조에서 인터넷전문은행의 높은 수신금리와 낮은 대출금리, 뛰어난 접근성과 신속성은 충분히 고객에게 매력적이다. 점포 없이 운영되는 인터넷전문은행은 영업점 설립이나 영업점 직원 고용 등 고정비용이 없어 원가를 절감할 수 있다. 원가절감은 결국 고객에게 시중은행보다 높은 수신금리의 제공기회와 금융거래수수

미국, 영국, 일본 인터넷전문은행의 수신금리

미국		영국		일본	
은행명	수신 금리	은행명	수신 금리	은행명	수신 금리
Barclays Bank	1.00%	Post Office	1.40%	SBI Sumishin Net Bank	0.02%
CIT Bank	1.00%	BM	1.40%	Rakuten Bank	1.40%
Ally Bank	0.99%	Halifax	1.40%	Jibun Bank	1.40%
Discover Bank	0.90%	Egg Bank	1.40%	Daiwa Next Bank	1.40%
American Express Bank	0.90%	Bank of Scotland-Internet	1.40%	Seven Bank	1.40%
Sallie Mae Bank	0.90%	Santander	1.40%	Sony Bank	1.40%
Nationwide Bank	0.35%				
Charles Schwab Bank	0.10%	*시중은행 평균 수신금리는 각 국의 주요 시중은행 수신금리 평균값임			
E*Trade Bank	0.01%				
인터넷전문은행 평균	0.68%	인터넷전문은행 평균	1.03%	인터넷전문은행 평균	0.03%
시중은행 평균	0.11%	시중은행 평균	0.51%	시중은행 평균	0.02%

(출처 : 각 사, KPMG ERI Analysis)

료 인하 등 혜택으로 돌아간다. 실제로 2014년 미국, 영국, 일본 3개 국의 인터넷전문은행 수신금리는 시중은행 평균 수신금리보다 높게 제공됐다.

또 인터넷전문은행은 금융상품을 고객에게 직접 선택하게 함으로 써 편의성을 제고했고, 제공 서비스도 빠르게 고객이 직접 처리할 수 있게 해 신속성을 높였다.

마지막으로 은행 서비스 접근이 어려운 지역에서 고객이 언제든 쉽게 서비스를 이용할 수 있는 장점이 있다. 일부 신흥국에서는 인터 넷전문은행 도입으로 고객의 은행 서비스에 대한 접근성을 높였다.

두 은행은 2017년 상반기 본 영업을 시작할 수 있을 것으로 시장은 내다보고 있다. 일부 언론에서는 두 은행 중 어느 곳이 더 경쟁력이 있는지, 더 매력적인지를 비교하기도 하지만 두 은행 간 비교는 큰 의미가 없다. 해외 유수의 핀테크 업체 및 인터넷전문은행이 제공하 는 서비스에 따라 금융소비자들의 기대치가 높아진 상황에서 카카오 뱅크와 K뱅크가 얼마나 혁신적인 서비스를 내놓을지가 관건이다.

중국 대표 IT기업인 텐센트를 살펴보자. 텐센트는 위챗페이를 통 해 금융을 넘어선 금융 서비스를 제공하고 있다. 스마트폰을 흔들면 가맹점 정보는 물론 할인쿠폰, 각종 이벤트 내용을 통합해 알려 주는 소비자 기반 서비스 위챗 셰이크를 만들었다.

텐센트는 이미 베이징, 상하이 등 중국의 주요 거점 도시에 스마트폰 내 위챗페이만 보유하면 일주일 동안 현금 없이도 생활 가능한 인프라를 구축한 상태다. 단순한 결제 서비스에 머무르지 않고 여행, 의료, 위치기반 마케팅 등 SNS 기반 에코시스템을 얼마나 확보했는지가 핀테크 사업의 핵심임을 강조하고 있다.

텐센트는 위챗페이로 간편결제 외에 △환자등록, 진료예약 등 병원 서비스 △전자티켓 구매 △위챗 전자객실 서비스 △학생인증 등 학교 관련정보 서비스 △관광지 정보 검색 △셀프서비스 등 스마트 에코시스템을 구현했다.

중국 최대 IT기업인 알리페이도 모든 서비스를 하나로 통합해 제공하는 '슈퍼앱'을 만들었다. 소비자 라이프스타일을 변화시키기 위해 빅데이터는 물론 인공지능(AI), 클라우드, 온·오프라인연계(O2O)에 이르기까지 다양한 IT기술을 융합했다. 고객 위치, 습관, 취향 등 다양한 맞춤 정보를 내재화해 간편결제는 물론 O2O, 공과금 납부에 이르는 새로운 금융 라이프스타일을 제시한 것이다.

한국을 방문하는 중국 관광객(유커) 대상으로 위치기반 기술을 적용해 각종 가맹점에는 소비자 패턴 정보, 소비자에게는 할인·마케팅 정보를 양방향으로 제공한다. 신용카드 결제뿐만 아니라 온라인 쇼핑결제, 자금이체, 자산관리, 공공요금 결제, 주택임대 정보, 소비자 이사 기록, 사회 관계 등 비식별 빅데이터를 융합해 다양한 금융 서비스를 창출해내고 있다.

텐센트와 알리페이 등 중국 IT기업이 만들어낸 금융은 단순한 쇼핑 결제가 아니었다. 금융 그 이상의 것, 즉 '비욘드 뱅킹'이었다. 카카오뱅크, K뱅크 또한 단순히 점포가 없는 은행만을 의미하면 생존을 장담하기 어렵다. 이미 비슷한 서비스를 제공하는 모바일은행이 많기 때문이다. '은행'이라는 한계를 넘어서서 구글, 아마존을 뛰어넘는 정보기술(IT) 솔루션을 보유하고, 나아가 모든 서비스를 연결하는 시스템을 구축해야 한다. 은행, 그 이상의 플러스 알파를 노려야 한다는 뜻이다.

06 금융,
인공지능에 취하다

Robo Finance

앞에서 살펴봤듯이 금융산업의 채널은 많은 변화를 거쳐왔다. 전통 금융산업은 은행, 증권 등 금융사 점포에 방문하는 것이 기본이었다. 금융 서비스를 원하는 소비자가 직접 필요한 증빙서류 등을 첨부해 집, 직장 근처 점포에 방문해 직원을 직접 대면했다.

　예를 들어 전세자금대출을 원하는 소비자는 은행에 찾아가 대출 창구로 찾아간다. 대기표를 건네고, 전세자금대출에 필요한 서류를 작성하고 5~7일 정도 심사기간을 기다린다. 이후 심사가 통과하면 다시 방문해 필요한 소득증빙서류 등을 제출하는 과정을 거친다. 최소 2번 이상 점포방문이 필수다. 이렇게 시간이 많이 들던 대면 금융 서비스는 점차 비대면으로 진화했다. 모바일뱅킹을 통해서다. 은행 점포에서 하던 서비스가 그대로 내 손 안의 모바일로 옮겨지게 된 것이다. 지문이나 영상통화를 통해 본인인증을 하고, 계좌개설부터 대출업무까지 가능해졌다. 10번 이상 터치해야 했던 송금 서비스도 2~3번의 터치로 간편하게 끝내는 단계까지 왔다. 여기까지가 우리가 알고 있는 핀테크 서비스의 모습이다.

그러나 사람들은 이제 단순 편리함을 넘어서 스마트한 금융 서비스를 원하고 있다. 즉, '내가 나임'을 확인하는 절차를 생략하길 원한다. 또한, 본인에게 적합한 대출, 펀드가 무엇일까 고민하길 원하지 않는다. 나에게 적합한, 나만을 위한, 나에게 최적화된 금융상품을 추천받고 가입하고 관리받길 원한다. SNS를 하다가 나를 관리해주는 금융봇이 나에게 월세, 공과금을 내야한다고 안내하고, 버튼 하나만 눌러도 금융봇이 알아서 모든 송금절차를 완료해주는 그야말로 지능화된 금융 서비스를 원하는 것이다.

인공지능과 산업성장가능성에 대해 알아보자. 이러한 서비스가 가능하기 위해선 인공지능의 힘이 필요하다. 1956년 존 매카시(J.McCarthy)와 마빈 민스키(M. Minsky) 등에 의해 인간의 지능처럼 사고하는 컴퓨터 프로그램을 연구하면서 '인공지능'(AI : Artificial Intelligence)이란 용어를 처음 사용했다.

최근 전 세계적으로 인공지능에 대한 기업과 개인의 관심이 큰 폭으로 증대되고 있다. 각 조사기관의 인공지능에 대한 기준과 적용범위가 달라 시장 규모 예측은 기관마다 차이가 있지만 세계적으로 인공지능 시장이 급속하게 성장할 것이라는 데 의심을 품는 곳은 없다.

시장조사기관 트랙티카(Tractica)는 기업용 시스템에 적용되는 전 세계 인공지능 시장 규모가 2015년 2억 달러에서 2024년경에는 111억 달러에 달할 것으로 전망했다.

시장조사기관 IDC의 경우 세계 인공지능 시장 규모를 2017년 1,650억 달러(195조 8,000억 원) 규모로 전망했는가 하면, 시장조사기관 Market&market은 2020년에 광고, 미디어 서비스 분야에서의 활용으로 인공지능 시장이 약 50억 달러(약 6.2조 원)에 이를 것으로 추정했다. 또한 일본의 EY종합연구소는 커머스, 광고, 금융, 유통, 자동차 등 모든 산업분야에 인공지능이 도입된다고 가정해 2020년에는

전 세계 인공지능 시장 전망

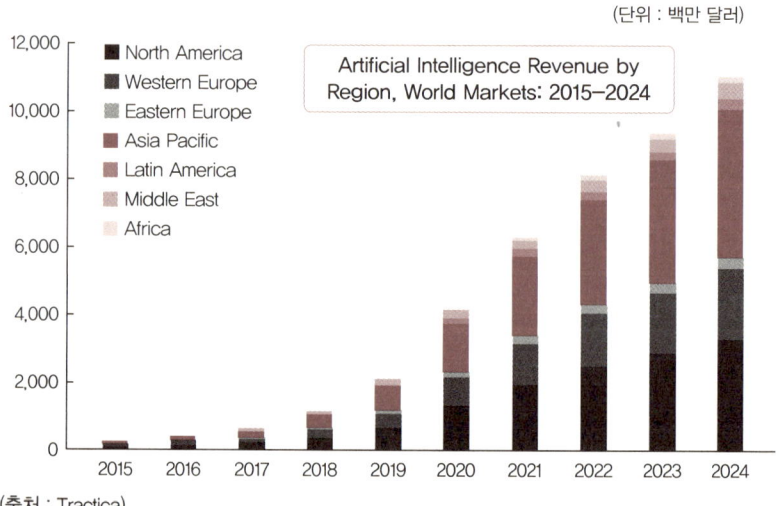

(단위 : 백만 달러)

(출처 : Tractica)

세계 각 국의 인공지능 관련 시장 전망

조사기관	대상	2015년	향후	CAGR
IDC	영상음성처리 분야	1,270억 달러	1,650억 달러 ('17년)	14%
	Cognitive SW 플랫폼	10억 달러	37억 달러 ('17년)	92%
BCC리서치	음성인식	840억 달러	1,130억 달러 ('17년)	16%
Market&market	서비스(광고, 미디어 등)	4.2억 달러	50억 달러 ('20년)	64%
Tractica	AI 시스템	2억 달러	111억 달러 ('17년)	–
일본EY연구소	AI관련산업 전반 (자국)	3조 7,450억 엔	23조 638억 엔 ('20년)	44%
IBM	2025년 2,000조 원 시장 창출			
맥킨지	2025년 6조 7천억 달러 (7,000조 원) 파급 효과			

23조 엔, 2030년에는 87조 엔의 인공지능 관련 시장이 창출될 것이라고 전망했다.

국내의 경우 인공지능과 관련한 정확한 기준이나 데이터가 없어 시장규모를 산출하기 어렵지만 로봇 산업 수치에 기초해 향후 다양한 산업군으로의 적용을 가정하면 2030년경에는 약 27~30조 원의 시장 규모가 될 것으로 전문가들은 내다보고 있다.

국내에선 2016년 초 알파고와 이세돌 대국으로 인공지능이 '뜨거운 감자'가 됐지만 사실 약 35년 전인 1990년 초반부터 국내 산업계에서 '인공지능'은 주목받았다. LG전자(당시 금성사)와 삼성전자의 '퍼지(Fuzzy) 세탁기', '카오스(Chaos) 세탁기'가 인공지능의 추론 방법론을 제품명으로 한 인공지능 가전제품으로 소개되었다. 주부들 사이에서 세제와 물 조절, 세탁물 무게를 버튼 하나로 감지해내는 전자동 세탁기능은 곧 '인공지능'으로 인식됐다.

세탁기로 시작된 인공지능 가전은 2016년 '자율주행 자동차', '스마트 가전', '스마트 홈' 등 인공지능이 구현된 제품들로 다변화됐다. 또한 군사, 수술, 영상진단, 생산 등 전문적인 영역에서 '전문가 시스템'이나 '의사결정 지원 시스템' 형태로 정확성과 신뢰성을 보장해야 하는 고도의 전문적인 의사결정을 지원하기도 한다.

"사람보다 똑똑하네"란 평을 들으며 인공지능은 서비스 업무나 지식 노동을 보완 대체해왔다. 또한 인공지능 기술인 알고리즘은 이미 일상생활에 침투해 있다. 구글의 검색 결과 표시, 넷플릭스의 영화 추천, 매치닷컴의 데이트 후보자 소개, 내비게이션을 이용한 길찾기 등 다양한 서비스들에 이미 고성능 알고리즘들이 활용되고 있다.

향후 인공지능 분야는 관련 기술들의 진보에 힘입어 비약적으로 발전할 것으로 보인다. 무엇보다 컴퓨팅 자원의 저렴화와 크라우드 보편화로 연산 한계가 사실상 무의미해지면서 압도적인 고성능 알고리즘들이 속속 개발되고 있기 때문이다.

머신러닝(Machine Learning)이나 딥러닝(Deep Learning)처럼 빅데이터를 활용해 알고리즘 스스로 패턴을 인식하고 해결방법을 찾아가는 방법론들이 도입되면서 인공지능 유연성과 적응성이 크게 높아졌다. 구글의 자동 번역기, 피카사(Picasa)의 사진 얼굴 인식 기술처럼 인공지능은 기계 학습을 통해 빠르게 성능을 개선하고 있다.

향후 인간과 소통할 수 있는 인공지능도 본격화될 것이다. 현재 애플의 시리(Siri), 구글의 나우(Now), 마이크로소프트의 코타나(Kortana) 등 스마트폰 지능형 개인비서 서비스는 초기 단계다. 비록 완벽하지는 않지만 대화형 알고리즘들은 인간의 말을 듣고 이해하고 학습한 뒤 반응한다. 미래에는 표정이나 음성 상태까지 분석해 사용자의 감정 상태를 유추하고 이에 맞는 대화를 시도하는 인공지능으로 발전할 전망이다.

이러한 기술 발전에 힘입어 알고리즘은 단순 사무직을 넘어 전문직들의 영역까지 넘보게 될 가능성이 크다. 이미 전조들은 다양하게 나타나고 있다. 예를 들어 최근 인공지능은 인간 지성의 최후 보루로 인식되었던 글쓰기에도 도전하고 있다. 미국의 내러티브 사이언스(Narrative Science)는 포브스(Forbes)지에 기사 작성 알고리즘으로 작성한 기업실적 분석정보를 제공하고 있다. 로봇 저널리즘 가능성이 확인되면서, 최근에는 오토메이트 인사이트(Automated Insight), 이지옵(Yseop), 팬터시 저널리스트(Fantasy Journalist) 등 다양한 벤처 기업들이 출사표를 던지고 있다.

각 산업계에서는 인공지능 시험적 제품들에 대한 소비자들의 긍정적인 체험으로 수요가 급증하고, 이에 따른 시장 형성이 향후 2~5년 내 급속히 이루어질 것으로 내다보고 있다.

금융도 예외는 아니다. 금융 부문에서도 최근 알고리즘의 적용 범위가 시스템 트레이딩을 넘어서 투자분석이나 의사결정, 투자자문 등으로 빠르게 확대되고 있다. 예를 들어 미국의 켄쇼(Kensho) 사에서 개발 중인 인공지능 워렌(Warren)은 "미국 연방준비제도이사회(FRB)가 금리를 올리면 어떤 섹터가 유망할까?"처럼 자연어로 질문을 제공하면 관련 분석 결과나 유망종목을 제시하는 기능을 갖고 있다. 또한 홍콩의 딥 날리지(Deep Knowledge) 벤처캐피털은 생명과학 벤처기업 대상 전문분석 인공지능인 바이탈(Vital)을 아예 투자 이사회의 임원으로 임명하고 인간과 같은 1표를 주기로 했다. 나아가 퓨처 어드바이저(Future Advisor) 사는 인공지능을 이용해 개인화된 금융 자문을 대규모로 저렴한 가격에 제공하는 서비스를 시작했다.

이러한 투자자문 인공지능이 보급된다면, 고연봉의 프라이빗 뱅커 대신 인공지능의 도움을 받아 누구나 재무관리를 할 수 있게 된다.

인공지능의 발전 과정
Robo Finance

인공지능은 인간처럼 사고하고, 감지하고, 행동하도록 설계된 일련의 알고리즘 체계다.

아이폰 시리(Siri)에게 "날씨가 어때?" "아침 7시에 모닝콜을 알려줘" 등 원하는 바를 말하면 답변이나 알람을 울려주는 것도 인공지능의 한 종류다. 인공지능은 지금까지 여러 번의 진화와 쇠퇴를 통해 현재 발전단계에 이르렀다.

초기에는 인간의 문제해결 논리를 컴퓨터 언어로 구현해내려는 시도가 주를 이루었다. 그러나 인공지능을 학습시킬 양질의 데이터 부족 등을 이유로 1970년대 중반 인공지능은 1차 침체기를 맞았다. 1차 침체기 이후, 인공지능은 컴퓨터의 등장과 다양한 분야의 데이터 축적으로 제2의 발전기를 맞이한다. 그러나 인공지능이 새로운 미래의 주역으로 발전할 것이라고 기대되었던 1990년대 전반, 인공지능은 새로운 벽에 부딪힌다. 통계적 접근에 따른 문제해결의 한계와 방대한 데이터를 처리하기에 아직은 부족한 하드웨어적 역량 때문이었다.

1997년 인공지능은 인간과의 대결을 통해 새로운 돌파구를 마련하였다. IBM의 딥블루가 체스에서 인간을 이긴 것이다. 이를 기점으로 1990년대 중반 이후 컴퓨팅 기술이 발달하고 빅데이터가 등장하면서 인공지능 연구는 기계 스스로 데이터를 통해 스스로 지식(패턴)을 찾아내는 방식으로 진화했다. 뒤이어 2000년대 중반 이전의 머신러닝(Machine Learning) 연구에서 등한시되었던 인공신경망 분야에 혁신이 일어난다. 이로 인해 전환점을 맞이하게 되는데 바로 '딥러닝'(Deep Learning)이라는 새로운 방식이 주목받게 된다.

2006년 캐나다 제프리 힌트 교수가 발표한 딥러닝은 기계 스스로 다계층의 신경망 구조를 통해 인간이 알려주지 않은 데이터의 특징값까지 스스로 추출해내는 놀라운 능력을 보여주는 기술로, 10년밖에 되지 않은 짧은 기간에 인공지능을 대표하는 핵심 기술로 자리잡았다. 2012년에는 구글의 인공신경망이 인간의 도움 없이 유튜브에서 찾은 이미지 1,000만 장 가운데서 고양이를 식별해내는 데 성공하는 역사적인 사건도 일어났다.

머신러닝과 딥러닝

08

Robo Finance

머신러닝은 말 그대로 '기계 학습'이다. 1959년 아서 사무엘은 기계 학습을 "컴퓨터에게 배울 수 있는 능력, 즉 코드로 정의하지 않은 동작을 실행하는 능력에 대한 연구 분야"라고 정의했다.* 머신러닝은 인공 지능의 한 분야로, 컴퓨터가 학습할 수 있도록 하는 알고리즘과 기술을 개발하는 분야를 말한다. 가령 기계 학습을 통해서 수신한 이메일이 스팸인지 아닌지를 구분할 수 있도록 훈련할 수 있다.

머신러닝의 핵심은 표현(representation)과 일반화(generalization)에 있다. 표현이란 데이터의 평가이며, 일반화란 아직 알 수 없는 데이터에 대한 처리이다. 이는 전산 학습 이론 분야이기도 한데, 다양한

---

* 위키피디아, https://ko.wikipedia.org/wiki/%EB%A8%B8%EC%8B%A0_%EB%9F%AC%EB%8B%9D

기계 학습의 응용이 존재한다. 문자 인식은 이를 이용한 가장 잘 알려진 사례이다.

딥러닝은 인공신경망 이론을 기반으로 복잡한 비선형 문제를 기계가 스스로 학습 해결하는 것을 말한다.* 인간의 두뇌가 수많은 데이터 속에서 패턴을 발견한 뒤 사물을 구분하는 정보처리 방식을 모방한다. 큰 틀에서 사람의 사고방식을 컴퓨터에게 가르치는 기계학습의 한 분야라고 이야기할 수 있다.

딥러닝을 적용하면 사람이 모든 판단 기준을 정해주지 않아도 컴퓨터가 스스로 인지 · 추론 · 판단할 수 있다. 앞에서 언급한 스탠포드대학의 앤드류 응(Andrew Ng)과 구글이 함께 한 딥러닝 프로젝트가 대표적이다. 2012년 1만 6천 개의 컴퓨터 프로세스와 10억 개 이상의 신경망(neural networks) 그리고 딥신경망(DNN : deep neural networks)을 이용해 유튜브에 업로드되어 있는 천만 개 넘는 비디오 중 고양이 인식에 성공한 내용이다. 이 소프트웨어 프레임워크를 논문에서는 디스트빌리프(DistBelief)로 언급하고 있다. 구글이 만든 첫 머신러닝 시스템인 셈이다.

인공지능의 진화에서 가장 중요한 요소는 '학습(러닝)'이다.** 여기서 말하는 '학습'은 '어떤 식으로든 특성을 추출해서 분류하는 시스

---

* 위키피디아, https://ko.wikipedia.org/wiki/%EB%94%A5_%EB%9F%AC%EB%8B%9D
** 〈알파고를 계기로 살펴본 기계학습의 원리와 한계〉, 김진형 교수

템을 만드는 일련의 과정'으로, 특성의 선택이 학습을 통해 패턴을 인식하고 오류값을 줄여나가는 성능을 좌우한다.

머신러닝의 첫 단계는 상관관계, 특성을 잡아 패턴을 반복적으로 관찰해서 차이점을 알아내는 것이다.[*] 수많은 고양이, 개, 새의 이미지 데이터에서 인공지능은 이것들을 구분하기 위해 특성을 잡아 어떻게 다른지 확인하는 작업을 거치게 된다. 이때 오차를 줄일 수 있는 특성을 주는 것이 중요하다. 그렇기 때문에 머신러닝에서는 데이터가 없으면 의미가 없다.

구글이 차세대 핵심기술이라는 머신러닝을 오픈소스(공개 소프트웨어)로 만들어 공개한 것도 바로 양질의 데이터 확보를 위해서이다. 알파고 역시 머신러닝에 기반하고 있기 때문에 이세돌 9단과의 대국이 데이터 확보 측면에서 중요할 수밖에 없다.

그런데 인간은 선택과 결정을 함에 있어서 과거의 경험치에 기대기도 하지만, 전혀 그러한 데이터가 없는 경우에는 여러 상황을 고려해 완전히 새로운 답을 내기도 한다. 또한 인간 사회는 머신러닝으로 해결할 수 있을 만큼 단순한 문제로만 둘러싸여 있지 않다. 이러한 점에 한계를 느낀 머신러닝은 보다 인간에 가까운 사고를 할 수 있는 '다층 구조신경망' 연구로 그 축이 옮겨진다. 그리고 마침내 2006년

---

[*] 〈알파고를 계기로 살펴본 기계학습의 원리와 한계〉, 김진형 교수

다층 신경망에서 잘 작동하는 학습 방법론의 총칭인 '딥러닝'(Deep Learning)이 등장했다.

딥러닝은 층마다 별도로 자율학습기법의 선행학습을 시킨 후 층층이 쌓아 통합 훈련을 통해 미세 조정하는 방식이며, 적은 데이터로도 학습이 가능하다. 알파고도 이러한 딥러닝 기술이 적용되어 있는데, 알파고의 심층신경망에는 약 3천만 개의 바둑 기보가 입력되어 있고 이런 방대한 데이터를 기본으로 강화학습과 지도학습을 반복했다. 이 부분이 알파고를 무시할 수 없는 가장 큰 강점이다.

머신러닝은 주어진 데이터를 바탕으로 새로운 질문에 대해 예측하는 것을 목적으로 한다. 이는 크게 지도학습(supervised learning)과 비지도학습(unsupervised learning)으로 구분할 수 있다.

지도학습은 훈련데이터에 조건 X뿐만 아니라 이에 대한 정답(또는 라벨) Y까지 주어진다. 예를 들어 사진 자료들에 '강아지, 고양이, 새'와 같이 일일이 라벨링되어 있고 이를 학습해 다른 사진들에서 강아지, 고양이, 새들을 찾아내는 식이다. 반면 여러 동물사진을 섞어놓고 이 사진에서 비슷한 동물끼리 자동으로 묶어보라고 주문하는 것은 비지도학습이다.

인간은 지도학습과 비지도학습의 과정을 모두 이용하는데, 아직까지 인공지능은 지도학습 연구가 더욱 활발한 모습이다. 하지만 인간이 세상을 라벨링 없이도 이해하고 사고하듯이 미래 인공지능 역시 라벨링 없이 세상을 이해할 수 있는 비지도학습이 더욱 강조될 전망이다.

금융과 빅데이터

Robo Finance

인공지능 고도화를 위해서는 빅데이터가 필수적이다.

여러 산업에서 빅데이터가 응용되고 있지만 그 중에서도 금융업계는 빅데이터를 활용한 여러 가지 금융 서비스를 시도해왔다. 최근 일본과 미국 등 해외 금융기관들이 빅데이터를 활용하는 사례가 증가하고 있고, 이는 고객관계관리(CRM : Customer Relationship Management)와 이벤트기반마케팅(EBM : Event-Based Marketing) 등에 초점을 맞추고 있다.

일본 A은행의 경우 법인사업 담당부서는 금융전산망에 축적되어 있는 법인고객에 대한 이체 등 결제 데이터를 마케팅에 활용하고 있다. 은행 내 각 시스템에 산재해 있는 입출금과 거래명세 데이터를 빅데이터 전용의 서버에 집약, 분석해 자금의 운용과 조달, 결제방법

개선 등을 제안할 수 있는 법인고객 대상을 추출하는 것이다.

또 일본의 B은행은 고객이 자은행의 인터넷뱅킹 투자신탁 판매화면에 접속한 이후의 화면이동경로를 로그데이터(log data)로 축적 및 활용하고 있다. 화면의 이동경로를 분석해 특정 포털화면으로 진행할 경우 투자신탁계약의 성사율이 높아진 것을 확인했다. 이를 토대로 특정 포털화면 직전에서 중단한 상태이거나 포털화면으로 진행했다고 하더라도 아직 계약이 성사되지 못하고 있는 고객에 대해 상세한 상품설명 안내서나 판촉정보를 제공하는 등 적극적인 재접근 노력을 통해 투자신탁계약 성사율을 높이고 있다.

미국의 대형은행 웰스파고(Wells Fargo)는 고객의 현금자동화기기(ATM) 이력을 토대로 화면에 표시되는 버튼을 고객별로 최적화했다. 예를 들어 정기적인 일정금액 인출과 예금계좌 입금의 빈도가 높은 고객이라면 화면 상단에 이 두 가지 버튼이 표시되도록 한다. 이후 정기적으로 ATM 이력을 반영해 가장 빈번히 사용되는 서비스 버튼이 상단에 자동적으로 교체, 배치되도록 했다. 타행 계좌의 카드 이용자에 대해서도 자행의 ATM을 이용하면 조작이력이 기록되기 때문에 동일하게 거래화면 최적화가 이뤄지는 것이다. 웰스파고는 ATM을 단순한 현금인출기가 아니라 영업전개 및 확장을 위한 채널로써 다양하게 활용하는 데 초점을 맞춰 지속적인 기능향상을 도모해 나가고 있다.

이러한 빅데이터는 향후 인공지능 알고리즘의 기초가 되고, 개인에게 최적화된 금융 서비스를 제공하기 위한 밑거름이 된다.

씨티그룹은 고객 거래명세 등의 빅데이터를 자체 시스템으로 분석해 신용도가 낮거나 떨어질 가능성이 있는 고객들을 선별하고 이를 통해 대출이나 신용카드 발급 여부를 결정했다. 그 결과 미국 법인고객의 대출상환 가능여부를 판단하는 정확도가 50% 이상 향상되었다. 또한 글로벌 고객 데이터베이스 상의 통합 고객거래 데이터를 스페인의 대형 의류업체와 공유해 추가 생산시설, 판매매장 위치 계획수립 등에 활용하기도 했다.

뱅크오브아메리카(BoA)도 자영업자를 대상으로 한 자금관리 지원 상품인 캐시프로 모바일 개발 시 소셜미디어 분석을 통해 고객의 성향을 파악한 후 이를 상품 개발에 반영했으며, 실시간 디지털 마케팅 및 리스크에 대한 조기경보 체계에도 활용했다. 채무 불이행 확률을 계산하는 데 걸리는 시간 또한 기존 96시간에서 4시간으로 감소했고, 대출계좌 40만 건에 대한 신용평가점수를 산출하는 데 걸리던 시간을 3시간에서 단 10분으로 단축했다.

JP모건체이스는 많은 양의 고객 신용카드 이용 정보와 정부가 제공하는 금융소비자 재무정보를 통합해 새로운 소비 트렌드를 발견하고 이를 보고서로 만들어 판매한다. 또한 지역별로 실제 투자자들이 인지하고 있는 소셜 네트워크 상에 노출된 부동산 관련정보를 부동산의 시가 산정에 반영해서 지역별 적정 부동산 담보가치를 산정하고, 대출이나 담보로 설정한 부동산을 매각할 경우에 이를 기준 시가로 활용하고 있다.

국내에서도 카드사 중심으로 빅데이터를 활용한 빅데이터 사업이 활성화되고 있다. 카드사들은 카드 이용자들의 소비행태를 분석해 신상품 개발 및 시장분석을 하거나 이상 결제패턴을 검출하여 부정 사용을 사전에 예측하는 데 활용하고 있다. 최근에는 6개월, 1년 간격으로 고객군이나 업종별 전체 결제정보에 기반한 이용규모 변화, 카드사용 패턴 등이 담겨 있는 매출정보 트렌드를 분석해 개인별 단기 이용성향 패턴을 파악하고, 고객의 요구에 만족하는 맞춤 마케팅을 수행하는 방식으로 빅데이터를 활용한다.

예를 들어 현대카드의 외식과 패션 부분 소비패턴을 분석한 〈현대카드 빅데이터 리포트〉를 보면, 빅데이터 분석을 통해 '직장인들이 점심시간에 상대적으로 가격이 싼 커피를 마신다'는 결과를 얻어 마케팅에 적극적으로 활용하기도 했다. 실제로 현대카드는 빅데이터 분석을 바탕으로 편의점과 연계한 마케팅을 진행해 매출증대를 이끌기도 했다.

삼성카드는 소비자 개인별 방문기록을 토대로 지역별 인기장소를 엄선해 공지하고, 신용카드 이용명세 및 연관 매출 분석을 바탕으로 전국 유명 지역의 가맹점 소개 및 해당 가맹점에 대한 할인 등 여러 가지 서비스를 제공하고 있다.

보험사들은 마케팅뿐 아니라 보험사기 적발에도 빅데이터를 활발하게 활용하고 있다. 현대해상은 '사고접수지' 인쇄 시 보험사기 위험도를 표시한다. 위험도 정도를 Y+1, +2, +3으로 표시하며 Y+3은 위험도가 가장 높다는 의미다. 사고접수 시 담당자가 Y+3이라는 숫자를 확인하면 사고 조사에 착수하는 방식이다. 예를 들어 빅데이터는 '가해자와 피해자가 몇 달 전 사고에서는 거꾸로 서로 피해자와 가해자였음'을 분석해낸다. 현대해상의 경우 사기적발 시스템 적용 후 전체 사기 사건의 25%를 빅데이터 분석을 통해 잡아내고 있는 것

해외 금융기관들의 빅데이터 활용 사례

사례	개요
계좌해약 조짐의 패턴분석 (미국 은행들)	계약해지 고객에 대해 인터넷거래와 콜센터, 메일내용, 영업점 설문조사 등으로 수집한 데이터를 토대로 계좌해약 조짐의 패턴을 시스템적으로 추출함. 동 패턴에 부합하는 고객에 대해서는 계좌해약 방지를 위해 특별한 관리를 도모함.
고객의 감정분석 (해외 은행들)	콜센터와 웹사이트에 대한 고객의 문의 등 텍스트 데이터를 분석하여 수수료, 주택대출금리, 연회비 등에 대해 부정적인 고객이 증가하고 있는지 판단하여 대응책을 강구함.
자동차운전 데이터에 기초한 자동차 보험료 산정 (일본 손보사들)	자동차 보험료에 있어 운전자의 운전방식(시간, 거리, 급제동 빈도수 등)에 따라 보험료를 변경함. 운전자의 데이터를 자동차에 탑재한 장치에 축적하여 사고위험을 산정하고, 이를 보험료 산정에 연계시킴.
거래이력에 기초한 쿠폰 배송(해외 은행들)	인터넷뱅킹에 접근하면 직불카드(debit card) 등의 이용이력에 근거해 빈번히 이용되는 점포의 쿠폰이 배송됨.
인구분포 통계데이터 제공 서비스(일본 통신사업자들)	휴대전화의 기지국이 취득한 위치데이터를 토대로 지역별, 연령층별, 요일별, 시간대별 인구의 지리적 분포를 추계한 데이터를 제공함. 출점계획과 섭외담당자의 배치계획 등에 활용되고 있음.

(출처 : 일본 금융정보시스템센터(FISC))

으로 집계됐다.

　증권사도 예외는 아니다. 현대증권은 개별 종목에 대한 뉴스 발생 건수와 수익률 및 거래량을 따져 긍정적 뉴스와 부정적 뉴스를 구분하고 그에 따른 주가 변동을 예측하는 데 빅데이터를 활발하게 활용하는 것으로 알려졌다.

로보 파이낸스란 무엇인가

로보 파이낸스란 로봇(Robot)과 금융(Finance)의 융합을 뜻한다. 로보 파이낸스는 생소한 개념으로, 필자는 인공지능 기반 로봇이 금융 서비스를 제공하는 것을 '로보 파이낸스'라고 정의했다. 빅데이터, 인공지능 알고리즘 등 이같은 기반 위에서 발전하고 꽃핀 금융 서비스가 바로 로보 파이낸스다.

인간처럼 사고하고, 감지하고, 행동하도록 설계된 일련의 알고리즘 체계인 '인공지능'은 사람이 모든 판단 기준을 정해주지 않아도 컴퓨터가 스스로 인지, 추론, 판단하는 것으로 그 동안은 주로 광고나 자동차, 가전, 유통, 군사 등에 활용되어 왔다.

이제 인공지능은 금융에도 성큼 다가섰다. 개인 맞춤형 자산관리, 대출신용평가, 이상거래감지 등 다양한 금융수요가 증가하면서 '스스로 생각해서 마치 인간처럼 행동'하는 인공지능 기반 금융 서비스가 주목받고 있다. 예를 들어 현재 신용대출을 받으려면 은행 창구로 직접 방문해 재직증명서와 소득 증빙서류 등을 제출해야 한다. 또한 제한된 신용평가사(CB)에서 평가한 신용등급에 따라 대출을 신청하고 승인절차를 기다려야만 가부가 결정된다. 이때 금융소비자는 능동적이지만, 금융사는 수동적으로 신청 받은 일만을 처리한다.

그러나 로보 파이낸스가 주도하는 세상에서는 주체가 바뀐다. 금융소비자가 먼저 다가가지 않아도 인공지능이 먼저 관계를 맺기 위해 능동적으로 말을 걸게 된다. 가령 인공지능은 이사를 앞둔 나에게 먼저 주택담보대출이 필요하지 않은지 물어보고 내 SNS, 카드 사용내역 등을 자동으로 분석해 신용도를 평가한 뒤 대출 상품과 상환기간에 맞춘 재테크 설계까지 해준다. 또 주택담보대출을 받는 사람들의 경우 보통 이직, 이사, 자녀 졸업 등의 큰 행사가 있다는 것을 인공지능이 파악하고 이런 내용으로 대화를 나눈다면 일반 소비자가 구매자가 될 확률이 높아진다. 은행 입장에서도 수익성이 향상될 가능성이 높다. 한 걸음 더 나아가 알고리즘 기반 '금융챗봇'은 24시간 동안 자동이체나 공과금 납부 내역 알림, 결혼 자금 관리 계획 등 개인 비서와 같은 역할을 해주게 된다.

기존의 금융사에서는 대출을 신청하면 대출만 처리해주지만, 인공지능과 금융이 결합된 '로보 파이낸스'는 개인에게 맞춤화된 금융 서비스를 제시하고 실행하기 위한 최적화된 방법을 알려준다.

특히 로보 파이낸스의 성공여부는 데이터의 질과 양에서 판가름 난다. 데이터가 클수록 인공지능의 정확성이 높아지고, 양질의 데이터는 인공지능을 고도화시키기 때문이다. 금융시장은 개인신상정보부터 카드사용이력, 대출상담이력, 신용도 등 풍부한 빅데이터를 보유하고 있어 로보 파이낸스 발전을 위한 토양이 마련돼 있다. 인공지능 기술로 클라우드 내에서 다른 인공지능과 접속해 저장된 데이터와 행동패턴 등을 공유하며 학습하고, 정교한 알고리즘을 통해 금융 서비스를 제공할 수 있다.

어렵게 느껴졌던 금융 서비스가 인공지능을 만나면서 문턱이 낮아지고 금융산업도 한층 더 진일보할 것으로 기대된다. 또 앞으로 인간과 인공지능의 관계도 점차 변해나갈 것이다. 과거에는 기계의 지능이 인간을 보조하는 데 그쳤다면, 최근에는 패턴이 바뀌고 있다.

로보 파이낸스가 본격화되면 더 많은 일자리를 기계가 수행하고, 자동화될수록 기계가 중심이 될 것이다. 이 순환 고리에 인간은 데이터 등을 제공하는 역할로 참여하게 될 것이다.

로보 파이낸스는 기존에 인간이 처리하던 금융업무의 한계를 극복하고, 더 빠르고, 편리하고, 저렴하지만 고품질의 금융 서비스를 제공할 것이 분명하다. 다만 로보 파이낸스가 본격화되면 인공지능이 단순히 질문에 대한 답을 찾는 데 머무르지 않고 금융을 이용하는 사람들의 삶과 아픔에 관심을 가지며 인간사회 관계를 더 끈끈하게 하는 금융의 역할을 할 수 있을지, 앞으로 좀 더 지켜봐야 할 것이다.

로보 파이낸스의 금융 적용 분야

Robo Finance

금융 분야에서 인공지능이 적용될 분야는 무궁무진하다. 이미 금융 서비스에서 인공지능이 적용되어 활용되고 있는 부분도 있다. 로보 파이낸스의 역할을 살펴보자.

로보 파이낸스로 가장 기대되는 역할은 자산관리부문이다. 인공지능이 투자에 대한 의사결정 및 실제 트레이딩을 수행하면서 투자수익을 만들어내는 역할을 하는 것이다. 특히 인공지능 기반 자산관리 서비스인 로보 어드바이저(Robo Adviser)는 빠른 성장세를 보이고 있다. 우선 로보 어드바이저는 자산관리를 받기 어려웠던 계층에 낮은 수수료로 서비스를 제공하면서, 자산운용업 시장의 양적인 성장 계기가 될 전망이다.

미국 로보 어드바이저 운용자산 규모는 2014년 4월 115억 달러(상위 11개 사 기준)에서 2016년에는 3천억 달러를 넘어설 전망이다. 컨설팅업체 AT커니는 2020년 로보 어드바이저 시장규모 전망을 무려 2조 2천억 달러로 예상했다. 로보 어드바이저는 인간의 개입을 최소화하고 온라인에서 포트폴리오 관리 등 재무상담을 제공한다.

글로벌 로보 어드바이저 시장은 소규모 스타트업 중심에서 블랙록과 뱅가드, 찰스스와프 등 대형자산운용사로 확산되고 있다. 찰스스와프는 자체 개발 로보 어드바이저 서비스를 개시해 운용자산이 41억 달러에 달한다. 뱅가드도 수수료 0.3% 수준으로 210억 달러를 운용하고 있다. 블랙록은 로보 어드바이저 업체 퓨처어드바이저를 2억 달러 수준에서 인수했고, 도이치뱅크는 핀테크 기업 핀사이트와 개발한 로보 어드바이저 서비스를 시작했다. 특히 로보 어드바이저의 가장 큰 무기는 빅데이터다. 사람이 다 처리할 수 없는 방대한 양의 정보를 소화해 자산을 최적 비율로 배분하는 게 목표다. 자체 알고리즘과 머신러닝을 통해 수천 개가 넘는 상장지수펀드(ETF) 상품을 필터링하기 때문이다.

또한 로보 파이낸스에서 흥미로운 분야는 인공지능 기반 신용평가 및 채무 불이행 예측이다. 기존 신용평가사(CB)의 일방적이고 폐쇄적인 신용평가에서 벗어나 새로운 신용등급을 발굴할 수 있다.

미국 LA에 있는 온라인 기반 서브프라임 대출업체인 '제스트파이낸스'(ZestFinance)는 동호회 정보, SNS 친구 수, 심지어는 대출서류

작성에 걸린 시간까지 변수에 포함해 고객의 신용을 평가하고 맞춤형 서비스를 제공한다. 미국 일반은행들이 15~20개 정형화된 변수를 사용해 신용평가를 하는 것과 달리 제스트파이낸스는 대출 실행 전 인터넷 체류시간, SNS 포스팅 주제 등 7만여 개 변수에 대한 데이터를 수집하고 10개 머신러닝 알고리즘을 이용해 개인 신용도를 분석한다.

미국 소상공인 대출회사인 '캐비지'(Kabbage)도 데이터 콘텍스트 엔진(Data Context Engine)이라는 독자적인 시스템을 이용해 대출자의 배송, 회계, 소셜미디어, 전자상거래 등 각종 데이터를 분석하고 이를 활용해 7분 만에 간편 대출을 제공하는 것이 특징이다. 이에 힘입어 미국과 영국 내에서 온라인 1위 운영자금 대출업체로 성장, 10만여 개 이상 소규모 사업자들이 총 5억 5천만 달러 이상 자금 대출을 하고 있다.

로보 파이낸스는 빅데이터와 알고리즘을 통해 위법행위를 감지하고, 다양한 금융거래에서 현재 진행중인 거래 위험도를 분석하기도 한다. 미국 핀테크 업체 '빌가드'(BillGuard)의 경우 머신러닝을 활용해 고객의 신용카드 사용 내역이나 은행계좌 이체 등을 감시하고, 의심스러운 청구나 거래 징후가 포착되면 즉시 경보를 보내는 서비스를 제공한다. 미래 인공지능은 정보 안내나 마케팅 수단뿐만 아니라 사회문제 해결에도 기여할 수 있는데 노인이나 장애우들에게 문턱이 높은 복잡한 신용카드 발급업무나 각종 금융상품 안내도 인공지능 로봇이라면 보다 쉽게 설명하고 도움을 줄 수 있다.

업무 분야	주요 사례
투자 및 트레이딩	세계 최대 헤지펀드 그룹인 'Bridgewater' IBM 사의 왓슨 개발팀 소속 직원을 영입하여 AI 팀을 신설하여 트레이딩 알고리즘 개발을 전담
신용평가 및 심사 빅데이터와 머신러닝 기법을 활용하여 대출 신청자의 신용도 판단 및 채무 불이행 가능성을 예측하여 대출 사업에 활용	① Zest Finance : 미국의 일반 은행들이 15~20개의 정형화된 변수를 사용해 신용평가를 하는 것과 달리 Zest Finance는 대출 실행 전 인터넷 체류 시간, SNS 포스팅 주제 등 7만여 개의 변수에 대한 데이터를 수집하고 10개의 머신러닝 알고리즘을 이용해 개인의 신용도를 분석 　－ 현재 미국에서 신용도가 평균보다 약간 낮은(near prime) 고객들을 위한 Basic loan과 저신용(sub-prime)고객들을 위한 ZestCash 신용 서비스 대출 운영 　－ '15년 6월 중국 2위 전자 상거래 업체 JD닷컴과 함께 Joint Venture 'JD-ZestFinance Gaia'를 설립, 중국에서도 고객 신용평가 서비스 제공 계획 ② Kabbage : 미국 소상공인 대출회사로써 Data Context Engine이라는 독자적인 시스템을 이용해 대출자의 각종 데이터(배송, 회계, 소셜미디어, 전자상거래) 등을 분석하고 이를 활용해 7분 만에 간편 대출 제공 　－ 미국과 영국 내에서 온라인 1위 운영자금 대출업체로 성장, 10만여 개 이상의 소규모 사업자들이 총 5억 5천만 달러 이상의 자금 대출
위법행위 감지 다양한 금융거래에서 현재 진행 중인 거래의 위험도 분석	① BillGuard : 머신러닝 기술 활용한 예측 알고리즘을 통해 고객 거래 데이터를 분석하여 의심스러운 징후 포착되면 즉시 고객 앱으로 경보 제공 ② Aesthetic Integration : 영국소재회사로 금융시장에 참여하는 회사들의 알고리즘을 분석하여 부정한 행위가 있었는지 테스트하는 서비스 제공
개인금융업무 지원	① Kaisto : AI와 음성인식 기능이 탑재된 모바일 개인 파이낸싱 어플 제공 　－ 이번 달의 지출액, 스타벅스 사용 금액, 카드 잔고 등을 AI가 음성으로 분석하여 알려주며 결제도 진행 ② 미쓰이쓰미모토/미즈호 은행 : '14년 11월부터 콜센터 업무에 왓슨 적용

(출처 : 일본 금융정보시스템센터(FISC))

인공지능 대화형 로봇 '페퍼'의 등장

Robo Finance

일본 소프트뱅크가 2014년에 발표한 인공지능 로봇 '페퍼'는 2015년 6월부터 일반인을 대상으로 판매해 온라인 상에서 매월 천 대의 주문접수를 받았다. 2015년 12월까지 7개월 연속으로 접수 1분 만에 당월 판매분이 판매 완료되는 진기록을 세우기도 했다.

대화형 로봇 페퍼 (출처 : 소프트뱅크)

특히 대형 양판점이나 전국 체인 카페 등에서 대량 구입 요청이 많다. 실제로 네슬레 재팬에서는 페퍼 천 대를 도입해 커피나 음료의 특징을 대화 형식으로 설명해주는 커스터마이즈 앱을 내장시켜 매장을 방문한 손님들에게 친절히 설명해 큰 인기를 누리고 매출상승 효과까지 얻었다. 마스터카드는 대만 타이베이 소재 피자헛 점포에 페퍼를 투입해 주문과 결제를 해주는 서비스를 시범 시행 중이다. 향후 아시아 전역의 피자헛 점포로 서비스 범위를 확대할 예정이다.

고령자 복지시설이나 병원에서도 도입에 나섰다. 일본 기후현에 있는 마쯔나미 종합병원에서 대기시간에 접수를 도와주거나 노인 환자들 말벗 상대용으로 페퍼를 구입해 2016년 1월부터 활용에 돌입했다. 향후엔 병원전용 앱을 탑재해 환자 의료정보를 기반으로 맞춤형 대화가 가능하도록 할 계획이다.

소프트뱅크는 아예 사람 없이 페퍼만으로 운영되는 휴대폰 매장을 오픈하기도 했다. 로봇 페퍼가 하는 일은 스마트폰 상품 설명과 소프트뱅크 스마트폰 신규가입업무(기변, 번호이동은 제외)를 지원하는 일이다. 하나의 페퍼가 모든 업무를 다 처리하는 것이 아니라 상품 설명 담당, 신규 가입 담당 등으로 업무를 나눠 페퍼를 배치시킨다.

병원, 상점뿐 아니라 은행에서도 도입 문의가 쇄도하고 있다. 일본 미즈호은행은 도쿄중앙지점을 비롯한 5개 점포에서 시범적으로 페퍼를 도입해 고객 응대 및 상품 안내 서비스를 제공했다. 페퍼에게 금융에 관한 짧은 이야기를 말하게 하거나 퀴즈를 내는 식이다. 페퍼 도입 기간 동안 고객 증대와 함께 은행 이미지 개선 효과를 얻어 올해부터 전국 주요 지점에 페퍼를 도입할 계획이다. 미즈호은행은 단순 안내를 넘어 2020년에는 페퍼에 고도 인공지능을 탑재해 개인재무 및 투자컨설팅 서비스까지 제공해주는 것을 계획하고 있다.

페퍼가 전 산업권에 투입되며 주목받는 이유는 스스로 생각하며 마치 인간처럼 대화할 수 있기 때문이다. 1980년대 제조업 중심 산업이 급성장하면서 인간을 대신해 정밀 작업이나 위험한 작업을 해주는 산업용로봇이 등장했고, 이를 계기로 로봇이란 단어가 대중들에게 알려졌다. 이후 장난감, 로봇펜 등을 통해 보다 친숙한 존재로 다가왔다. 2000년 이후에는 로봇 청소기와 같이 일상 생활에 도움을 주는 생활 가전 형태로 진화했다.

이때 로봇 기술의 핵심은 인간에 가까운 움직임을 보여주는 것에 집중되어 있었다. 혼다에서 개발한 이족 보행형 로봇 아시모(ASIMO)가 대표적이다. 인간과 똑같이 걷고 계단을 오르내리고 뛰어다니는 것이 아시모의 핵심 기술이었다.

그러나 페퍼는 360도 회전 옴니휠로 평지에서 움직일 수 있는 것이 전부다. 페퍼의 본질은 인간과 같은 움직임이 아니라 인간과 같이 대화하는 것이다. 페퍼의 핵심은 하드웨어가 아닌 소프트웨어다. 응답속도를 높이기 위해 자

혼다의 이족 보행 로봇 아시모 (출처 : asimo.honda.com)

주 사용하는 응답용 데이터는 페퍼 본체에 보관하지만 대부분의 기억 데이터는 클라우드에 저장된다. 클라우드 내에서 다른 페퍼와 접속해 대화와 행동 패턴 등을 공유하면서 학습한다.

이렇게 축적된 방대한 데이터들은 정교한 알고리즘을 통해 인간 감정 패턴과 유사하게 처리되고, 이를 기반으로 페퍼는 상황에 따라 대화 내용을 선택해 사람들과 이야기한다. 프로그래밍된 언어밖에 말하지 못했던 기존 로봇과 달리 로봇 페퍼는 스스로 생각해 말하기 때문에 인간과 쉽게 친해질 수 있다.

┃ 인 사 이 드 스 토 리 ┃

IBM 왓슨도 은행으로 진출

IBM 인공지능 왓슨도 금융권과 손을 잡았다. IBM은 금융컨설팅회사를 사들인 뒤 인공지능을 활용해 월스트리트에 조언하는 역할을 할 예정이다. IBM은 프로몬토리파이낸셜을 인수해 자사의 인공지능 시스템 왓슨을 이용한 '왓슨파이낸셜서비스'를 출범시킬 예정이다.

IBM은 이번 인수를 통해 은행들이 빠르게 변화하는 금융산업 규제 환경에 적응하도록 안내하는 역할을 한다. IBM이 프로몬토리파이낸셜을 인수한 금액은 공개되지 않았다. IBM 직원들은 왓슨이 기업 리스크 관리와 준법에 대해 잘 이해하도록 훈련할 예정이다.

왓슨 인지능력을 활용하면 금융기관 규제 변화 내용을 숙지하고, 필요한 준수 사항에 더 빨리 대응할 수 있을 것으로 전망된다. 왓슨은 미국 퀴즈쇼 제파디에서 인간을 이긴 것으로 유명하다. 암 연구 등에서 빅데이터 분석에 쓰인 적은 있지만, 상업 용도로 제대로 활용된 적은 이번이 처음이다. IBM은 핵심인 컴퓨터 사업이 쇠락해 매출이 감소하자 분석과 클라우드 등 신사업에 집중하고 있다.

국내 금융사 연이어
'인공지능' 전담부서 신설

Robo Finance

해외뿐 아니라 국내 금융사에도 인공지능 열풍은 이미 시작됐다. 우리은행은 인공지능을 적용한 챗봇(Chatbot) 개발에 나섰다. 2017년 빅데이터 기반으로 대출자 부도 가능성을 예측하는 모형도 구축할 예정이다.[*]

우리은행은 최근 조직개편을 통해 빅데이터와 인공지능 전담팀을 신설하고 인공지능을 접목한 금융 서비스 개발에 본격 뛰어들었다. 담당부서에서는 "아직은 자랑할만한 단계는 아니다"라는 입장이지만 일선 실무진들은 2017년과 2018년 주요 사업계획으로 인공지능을 거론하고 있다고 귀띔했다.

---

[*] 〈은행불 꺼져도… 금융상담은 계속〉, 전자신문, 김지혜 기자, 2016년 7월 27일

우리은행은 기존에 있던 시너지추진부를 시너지마케팅부로 바꾸고 그 산하에 4명으로 구성된 '빅데이터 추진팀'을 새로 만들었다. 컨설팅 업체 분석을 통해 24시간 금융상담 서비스가 가능한 '챗봇'과 '부도 차주 조기감지 시스템' 구축을 우선과제로 잡았다. 빅데이터를 기반으로 대출자의 부도 가능성을 예측하는 '부도 차주 조기감지 시스템'이 곧 구축된다. 2016년 9월부터 비식별 개인정보를 빅데이터에 활용할 수 있도록 규제가 완화되면서 국세청 납부정보와 부가세 납입 정보 등 외부 데이터를 재가공한다.

지금까지 대출자 부도 관리는 사후적 개념이었다. 그러나 세금을 성실하게 납부했는지 여부 등을 적용해 사전에 대출자 부도 가능성을 예측할 수 있는 리스크 모형을 만들고 이를 대출 시 적용하면 차주의 상환능력을 사전에 예측할 수 있다.

챗봇은 인공지능 기술의 하나로 인간 대화를 흉내 내는 컴퓨터 프로그램이다. 네이버가 인공지능으로 대화가 가능한 챗봇 '라온'(LAON)을 개발한 바 있다.

금융권에서 챗봇 개발은 아직 걸음마 단계지만 앞으로 가장 빠르게 성장하고 적용될 로보 파이낸스 분야이기도 하다. NH농협은행은 카카오톡 채팅을 통해 금융봇 서비스를 출시했다. NH농협은행 금융봇은 모바일 메신저 카카오톡 기반의 채팅 상담 서비스다.

기업은행도 2017년 챗봇을 선보이기 위해 준비 중이다. 모바일은행 '아이원'(i-ONE) 뱅크에 챗봇 기술이 적용될 것으로 보인다. 인터넷전문은행 카카오뱅크도 챗봇 개발을 예고했고, 개인 간(P2P) 금융 업체 8퍼센트, 미드레이트도 챗봇 '에이다', '믿음이'를 각각 개발, 서비스를 고도화 중에 있다.

음성을 인식하는 챗봇 서비스도 확대되고 있다. 예를 들어 고객이 유선전화로 개인종합자산관리계좌(ISA)를 문의하면 대화를 인식하고 챗봇이 상품을 안내한다. 인공지능 기반으로 대화가 축적될수록 스스로 학습해 정확도를 높일 계획이다.

현대카드도 지난 3월 인공지능 관련 부서 '알고리즘 디자인랩'(Lab)을 신설했다. 현대카드는 아직 연구 초기 단계로 알고리즘을 통해서 해결할 수 있는 비즈니스 문제를 고안 중인 것으로 알려졌다.

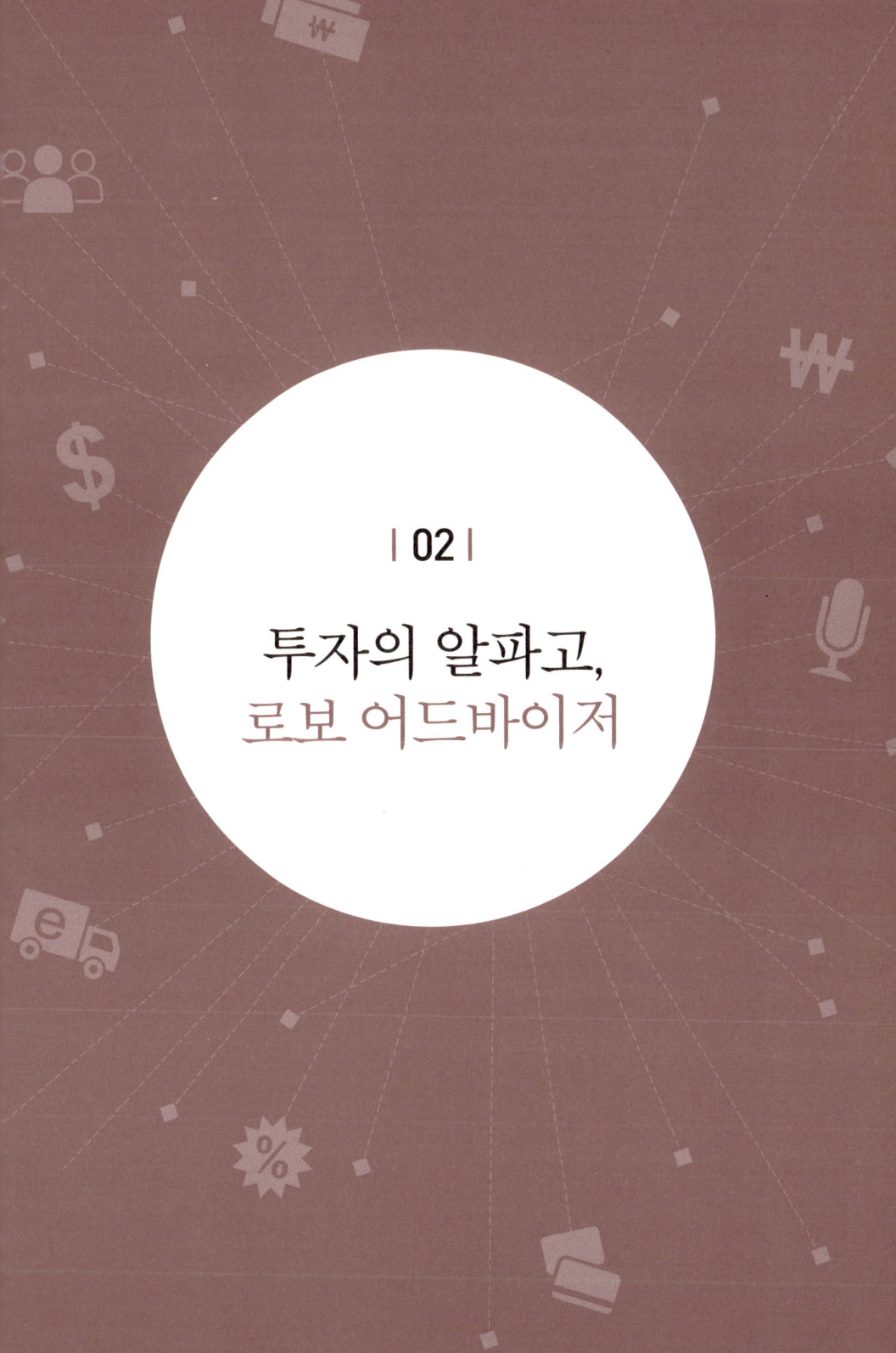

| 02 |

투자의 알파고,
로보 어드바이저

로보 어드바이저란 무엇인가?

Robo Finance

로보 어드바이저(Robo Advisor)란 로봇을 의미하는 로보(Robo)와 자산관리전문가를 의미하는 어드바이저(Advisor)의 합성어다. 즉 알고리즘이 투자의 중심이 되는 로봇 기반의 인공지능 투자 플랫폼을 의미한다. 과거에 이미 많은 증권사와 펀드운용사에서 트레이딩에 컴퓨터 기반 알고리즘을 사용해 왔지만 최근 딥러닝(Deep Learning)의 출현은 그 판도를 바꿔났다.

딥러닝은 기계 스스로 데이터를 학습하고 시장상황에 맞게 주기적으로 데이터를 수정하고 실수를 자체 분석하며, 자산손실 최소화를 목표로 한다. 로보 어드바이저는 투자자의 위험감수 성향, 목표 수익률, 자금의 성격 등을 진단해 그에 적합한 자산배분 전략을 결정하고, 자산군별 ETF(Exchange Traded Funds)*를 주로 활용해 포트폴리오를 구성하며 수익은 극대화시키고 위험요소는 최소화하는 방향으로 리밸런싱(자산배분 비율 조정)을 수행한다.

로보 어드바이저는 컴퓨터 공학 기반 퀀트와는 구분된다. 퀀트 공학이 과거 데이터를 추종해 미래를 예측하는 반면, 로보 어드바이저는 스스로 데이터를 조합하고 익히고 학습하는 기술이 적용됐다.

로보 어드바이저 분석모형은 거시경제 지표를 비롯해 방대한 데이터를 활용, 장기 수익률을 분석한 뒤 미래 수익구조를 예측하게 된다. 로보 어드바이저 상품 설계자들의 목표는 코스피지수, S&P지수, 다우존스지수 등 각종 투자지표 1년 수익률을 초과하는 것이기 때문에 단기간에 고수익을 계획하는 투자 고객에겐 적합하지 않다.

로보 어드바이저의 가장 큰 장점은 다음과 같다. 첫째, 빅데이터 기반으로 고객의 위험 성향과 목적을 구분해 투자를 운용하고, 이런 투자 경험을 머신러닝을 통해 반복적으로 학습시켜 개별종목 및 최적의 투자 비중을 산출하기 때문에 맞춤형 포트폴리오 서비스가 가능하다.

두 번째, 편리함이다. 로봇이 자산관리를 해주다보니 시간과 장소에 구애받지 않고 내가 편한 곳에서 가입신청을 하거나 투자상담을

---

* 지수연동형펀드로, 인덱스펀드와 뮤추얼펀드 특성이 결합돼 증권거래소에서 언제든지 매매가 가능한 상품이다.

받을 수 있다.

세 번째, 투자금액의 제약과 수수료가 적다. 웹(Web) 또는 모바일 플랫폼을 이용하여 저비용으로 자산관리 서비스를 받을 수 있다. 투자자문 관련업계에 최근 핀테크 바람이 거센 것은 무엇보다 저금리 시대에 차별화된 자산관리를 바라는 투자 고객들이 늘고 있기 때문이다. 국내 투자자문관련 시장이 매년 가파르게 성장하는 것도 이런 배경에서다.

금융투자협회에 따르면 국내 자문회사, 증권회사, 선물회사의 투자자문 및 일임 시장의 규모는 2012년 말 74조 원에서 2015년 121조 원으로 64% 성장했다. 과거 최소 1억 원 이상 고액 투자자들의 전유물이었던 투자자문사의 자문 및 일임 서비스가 핀테크 기업이 뛰어들면서 자산 500만 원대 소액투자자들도 해당 서비스를 받을 길이 열리게 됐다.

로보 어드바이저 자산관리 프로세스는 운용사마다 다소 차이가 있을 수 있으나 크게 다섯 단계로 구분할 수 있다.

1단계에서는 개별 질문을 통해서 투자자의 위험성향을 파악한 후, 2단계에서는 투자 자금의 성격, 규모, 기간, 목표 수익률, 리스크 허용한도 등을 설정하게 된다. 3단계에서는 로보 어드바이저가 빅데이터를 기반으로 맞춤형 투자 포트폴리오(구성 및 운용 방식)를 추천하고, 4단계에서는 로보 어드바이저가 추천한 포트폴리오에 따라 투자를 실행하게 된다. 마지막으로 5단계에서는 시장 상황을 반영해 모니터링과 리밸런싱을 통하여 주기적으로 포트폴리오가 조정된다.

금융권에서 컴퓨터를 기반으로 한 프로그램 매매는 1970년대 미국에서 처음 개발됐다. 2000년 초반에는 시스템 트레이딩이 각광을 받았다. 시스템 트레이딩은 증권업계에서는 알고리즘 트레이딩이라고도 불리며, 소프트웨어가 설정해준 사전 규칙에 따라 호가를 만들고 주식거래가 발생하게 된다. 규칙 자체가 곧 알고리즘이 되며, 뉴욕증권거래소에서는 75% 이상이 시스템 트레이딩에 의해서 거래되고 있다.

2008년 글로벌 금융위기 이후 기존 금융사의 대안으로 소프트웨어 기반 자동 자산관리시스템이 점차 부각되었다. 이러한 서비스 형태에 투자자와 연관된 빅데이터 분석 및 머신러닝 기법을 통한 최적의 투자 판단 기법이 결합되어 자동화 금융자문 플랫폼인 로보 어드바이저로 진화됐다.

로봇 기반 알고리즘 트레이딩이 보편화되면서 흥미로운 서비스의 한 형태로서 로봇 트레이더에게 뉴스를 판매하는 시도가 있었다. 다우존스는 2010년 '렉시콘'이라는 서비스(지금은 중단)를 시행해 주식거래 주체인 트레이딩 로봇이 판독할 수 있는 형태로 뉴스를 제공했다.

로봇 트레이더는 비정형 뉴스 데이터를 정형화된 데이터로 변환해 뉴스를 투자 참고 지표로 활용했다. 이때 감성분석, 주요 단어 및 문장 추출과 같은 텍스트 마이닝 기술도 함께 적용됐었다. 다양한 시도를 거듭하며 로보 어드바이저 시장은 점차 확대됐다. 시장동향 및 수요예측 벤처캐피털 시장 전문 조사 업체 CB Insights에 따르면, 2015년 로보 어드바이저 스타트업에 대한 투자는 약 3억 달러에 달하며 이는 2010년의 10배에 해당하는 수치이다.

금융감독위원회는 2015년 미국 로보 어드바이저 상위 11개 전문 자문사들의 관리 자산규모를 약 200억 달러(24조 원)로 발표했다. 대표업체로 알려진 미국 웰스프론트(Wealthfront)와 베터먼트(Betterment)의 운용자금은 각각 26억 달러 규모이다.

앞서 언급한 것처럼 세계적 컨설팅회사인 AT커니는 로보 어드바이저의 전 세계 운용 자산 규모를 2016년부터 2020년까지 매년 68%씩 성장하여 2020년에는 2조 2천억 달러 규모에 이를 것으로 전망하고 있다.

세계 로보 어드바이저 시장은 조사기관에 따라 규모와 범위에 있어 다소 차이가 있을 수 있으나 딜로이트 보고서를 참조하면, 2014년 157억 달러 수준에서 2021년에는 7,909억 달러 규모의 시장을 형성할 것으로 보인다.

국내 로보 어드바이저 업체들은 운용자산(AUM : Asset Under Manage-ment) 데이터 등이 공개되고 있지 않기 때문에 국내 시장 규모는 간접적인 방법을 통해 추정이 가능하다. 로보 어드바이저는 인

로보 어드바이저 세계 시장 전망

(단위 : 억 달러, CAGR : 75.1%)

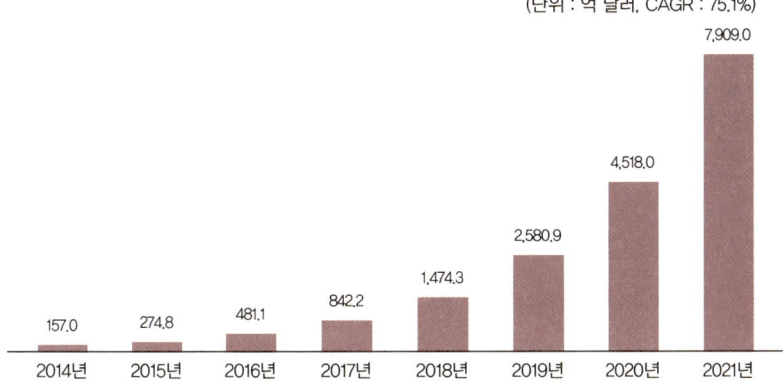

	2014년	2015년	2016년	2017년	2018년	2019년	2020년	2021년
	157.0	274.8	481.1	842.2	1,474.3	2,580.9	4,518.0	7,909.0

(출처 : 마이프라이빗뱅킹, 딜로이트 참조 KISTI 재작성)

로보 어드바이저 국내 시장 전망

(단위 : 억 원, CAGR : 55.3%)

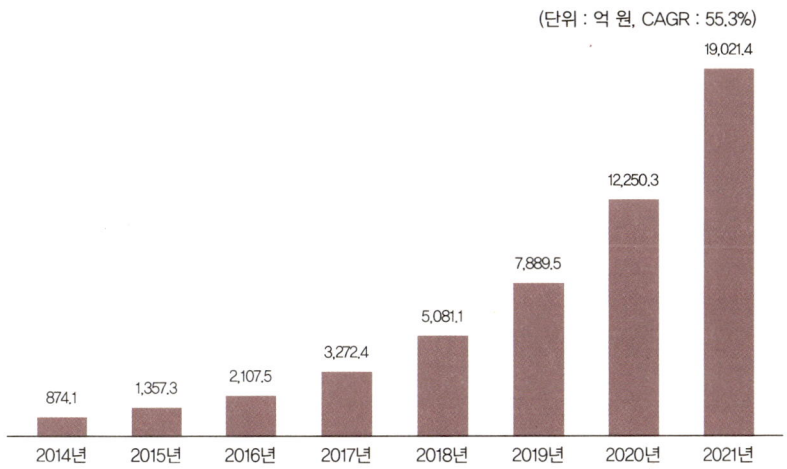

	2014년	2015년	2016년	2017년	2018년	2019년	2020년	2021년
	874.1	1,357.3	2,107.5	3,272.4	5,081.1	7,889.5	12,250.3	19,021.4

(환율은 2016년 4월 기준. 1달러=1,140원 적용)
(출처 : TMR(Transparency Market Research), 'KIRA 로봇산업실태조사 2014' 참조 KISTI 재작성)

공지능의 한 분류에 속하기 때문에 세계 인공지능 시장 대비 국내 인

공지능 시장의 비율을 적용해 국내 시장 규모를 산출하는 방식이다.

인공지능 세계 시장 규모는 글로벌 시장조사 기관인 TMR (Transparency Market Research) 자료를 참고, 인공지능 국내 시장 규모는 〈KIRA 로봇산업 실태조사 2014〉 자료를 근거로 산출할 수 있다. 그 결과 로보 어드바이저의 국내 시장 규모는 향후 5년간 매년 55.3%씩 성장하여 2015년 1,357억 원에서 2021년에는 1조 9,021억 원에 이를 것으로 전망된다.

┃ 인 사 이 드 스 토 리 ┃

로보 어드바이저의 업무 플로우

로보 어드바이저 플랫폼은 고객정보를 획득하고 파악하는 과정에서 시작한다.
1단계로 주로 모바일 또는 포털사이트를 통해 미리 준비된 질문에 고객이 답변을 입력함으로써 고객의 성향을 파악한다. 고객 프로파일링(profiling)은 질의응답으로 고객 정보(나이, 소득, 재산, 투자기간, 손실에 대한 태도, 투자경험 등)를 획득, 투자목적과 위험성향을 파악한다. 2단계는 고객 프로필(profile)에 맞은 자산구성(주식, 채권 등) 배분이다. 알고리즘을 통해 최적의 자산을 배분하는 것이 가장 중요한 업무과정에 해당한다.
3단계는 포트폴리오 선택 및 주문집행이다. 자산군별 최적의 금융상품을 추천하는 것으로 최대한 낮은 비용(주로 ETF)으로 거래(Trade)를 집행한다. 로보 어드바이저가 추천한 투자를 자동으로 하거나 투자자 스스로 집행한다. 4단계는 자산가격의 변화, 현금 유 · 출입, 고객 프로필 변화 등을 반영해 포트폴리오를 수시로 재구성하고 성과를 측정, 리스크를 관리하는 포트폴리오 리밸런싱이다.
5단계에서 자산매각 등에 부여되는 세금을 최대한 절약(다른 회사 계좌, 가족 계좌, 다양한 금융상품 등을 고려)하는 '세금손실 최소화' 단계를 거친다. 마지막으로 포트폴리오 분석 등을 수행한다.

주요 로보 어드바이저의 사전 질문 내용

업체	질문 내용
웰스프론트(미국)	· 이용 목적(포트폴리오 다변화, 절세, 투자일임 등) · 나이 및 세전소득 · 가계 소득원과 부양가족 여부 · 현금성 자산규모 · 투자목적(이익/손실 최소화, 손익 균등 등)과 손절매 패턴
베터먼트(미국)	· 나이 및 은퇴여부 · 연간소득 · 투자목적(이자소득, 노후소득, 투자수익 추구)
퍼스널 캐피털(미국)	· 자문 인력과 전화통화를 통한 투자성향 파악 · 자산현황 및 투자경험, 투자현황 및 목적 · 구체적인 포트폴리오 소개 및 위험성향 재조정
쿼터백(국내)	· 리스크, 투자손실, 손절매에 대한 인식 · 예금과 위험자산 투자비중 · 기대수익률, 투자금액, 투자기간 · 투자대상(국내/해외)에 따른 투자목적(여유자금 투자, 재무목표 달성, 은퇴설계)

(출처 : 각 사 홈페이지 참조)

로보 어드바이저의 업무 플로우

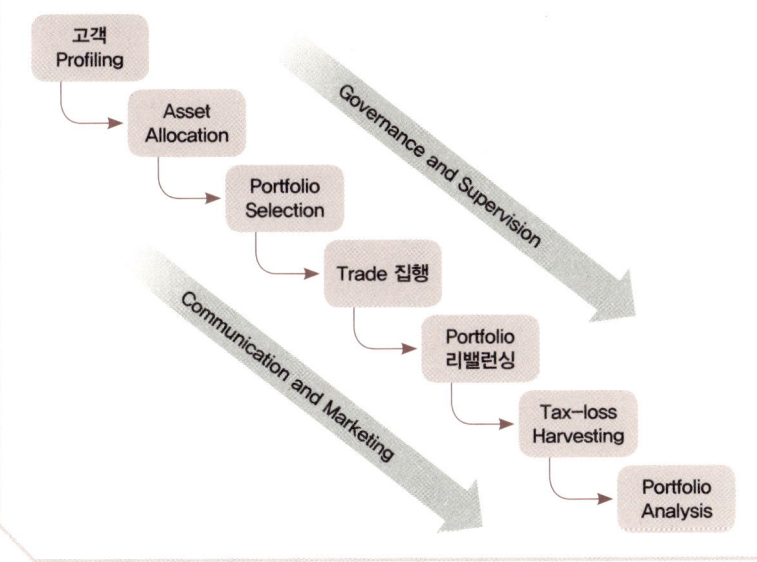

로보 어드바이저의 유형

Robo Finance

자본시장연구원에 따르면 로보 어드바이저는 독립적인 투자자문 서비스 제공 또는 플랫폼 직접 개발 여부에 따라 네 가지 유형으로 구분하고 있다.

❶ 순수 로보 어드바이저

독립적으로 온라인 투자자문 및 자산관리 서비스를 제공할 목적으로 플랫폼을 직접 개발하고 SEC(Securities and Exchange Commission : 증권거래위원회)에 등록한 투자자문업자(Registered Investment Adviser : RIA)를 말한다.

순수 로보 어드바이저에는 조건차별성 요건을 충족하지 않는 인터넷 자문업자(internet adviser)도 포함된다. 인터넷 자문업자란 투자자문 및 자산관리 서비스를 오직 상호작용 가능한 웹사이트(interactive website)를 통해 거의 모든 고객에게 제공하는 자 또는 회사이다(SEC Rule 203A-2(e)). 상호작용 가능한 웹사이트란 각 고객이 제공하는 개인정보에 기반해 고객에게 투자자문을 제공할 수 있는 컴퓨터 소프트웨어 기반 모델이나 응용프로그램을 제공하는 웹사이트를 의미한다.

최근 12개월 동안 15명 이상 고객에게 오프라인으로 투자자문을 제공한 경우 SEC에 인터넷 자문업자로 등록할 수 없다. 다른 RIA에게 통제받거나, 다른 RIA와 공동으로 투자자문을 제공하거나 다른 RIA를 통제하는 경우 인터넷 자문업자로 등록할 수 없다. 기관투자자 또는 금융자문사(financial advisor)를 대상으로 서비스를 제공하는 순수 로보 어드바이저도 있다.

❷ 하이브리드(hybrid) 로보 어드바이저

기존 투자자자문사가 오프라인뿐만 아니라 온라인으로도 투자자문 및 자산관리 서비스를 제공할 목적으로 로보 어드바이저 플랫폼을 직접 개발한 RIA를 말한다.

하이브리드 로보 어드바이저는 온라인뿐만 아니라 오프라인 서비스를 제공한다는 점에서 순수 로보 어드바이저와 다르다. 하이브리드 로보 어드바이저는 로보 어드바이저 플랫폼뿐만 아니라 다양한 금융투자 서비스를 제공한다는 점에서도 차이점이 있다.

❸ 로보 어드바이저 플랫폼 어댑터(platform adopter)

제3자가 제공하는 로보 어드바이저 플랫폼을 이용해 온라인 투자자문 및 자산관리 서비스를 제공하는 투자자문사 또는 이에 준하는 금융회사를 말한다.

플랫폼 어댑터는 플랫폼을 직접 개발하지 않는다는 점에서 하이브리드 로보 어드바이저와 구분된다. TD에머리트레이드(TD Ameritrade)는 플랫폼 개발자 Jemstep, NestEgg Wealth, Trizic, Upside Advisor와 파트너십 계약을 체결하고 다수의 로보 어드바이저 플랫폼을 동시에 제공했다.

❹ 로보 어드바이저 플랫폼 개발자(platform developer or enabler)

제3자에게 제공할 목적으로 로보 어드바이저 플랫폼을 전문적으로 개발하는 IT전문회사를 뜻한다. 플랫폼 개발자는 SEC 등록 투자자문업자가 아니라는 점에서 순수 로보 어드바이저와 다르다. 로보 어드바이저 플랫폼을 직접 개발한다는 기술적인 측면에서 플랫폼 개발자와 순수 로보 어드바이저와는 크게 다르지 않다. 순수 로보 어드바이저 중에는 별도 플랫폼을 개발해 플랫폼 개발자와 같이 제3자에게 제공하기도 한다.

미국 로보 어드바이저 유형별 현황(2016년 2월 말 기준)

순수 로보 어드바이저	하이브리드 로보 어드바이저	플랫폼 개발자
Acorns(2013)	Capital One Investing(2015)	Advizr(2012)
AssetBuilder(2007)	E*Trade Managed Investment	Autopilot(2012)
Betterment(2009)	Portfolio(2010)	Blueleaf(1999)
Blooom(2013)	Edelman Online(2013)	CircleBlack(2013)
Covestor(2008)	Schwab Intelligent	Evisor(2010)
Ellevest(2015)	Portfolios(2015)	Finance Logix(1998)
Financial Engines(1998)	Vanguard Personal Advisor	FolioDynamix(2007)
FTJ FundChoice(2004)	Services(2015)	Invessence(2012)
FutureAdvisor(2010)		Kivalia(2011)
Guided Choice(2002)		MyPlanIQ(2006)
Hedgeable(2009)		RightCapital(2012)
Index Fund Advisors(2000)		RiXtrema(2010)
iQuantifi(2014)		SciVantage(2000)
Jemstep(2009)		SmartPlanner(1994)
LearnVest(2012)		Trizic(2012)
Marketriders(2008)		WealthAccess(2011)
Marstone(2013)		Wealthboc(2012)
MyMoneyGuide(2013)		Wealthminder(2013)
MyVest(2013)		
NestEgg Wealth(2011)		
NextCapital(2015)		
Personal Capital(2011)		
Plan & Act(2009)		
ProManage(2004)		
Rebalance IRA(2011)		
SigFig(2011)		
Smart401k(2003)		
StashInvest(2015)		
TradeKing(2014)		
Upside Advisor(2013)		
Wealthfront(2008)		
WiseBanyan(2014)		
WorthFM(2015)		
그 외 인터넷 자문업자 100개		
133개	5개	18개

( ) 안 숫자는 설립연도를 의미하며 하이브리드 로보 어드바이저의 경우 플랫폼 개시연도를 기재함.
(출처 : Investorhome.com, SEC Form ADV, 자본시장연구원)

로보 어드바이저 유형 구분

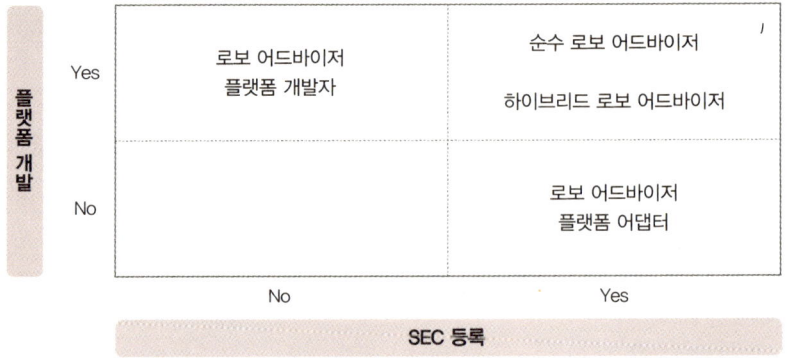

미국 로보 어드바이저 운용자산 현황

(단위 : 십억 달러, %)

구분		2012년 2월 말		2016년 2월 말		연평균 성장률3)
		AUM	비중	AUM	비중	
RA	순수(A)	45.17	0.10	165.36	0.25	38.32
	그룹 1[1]	45.17	0.10	130.97	0.20	30.49
	그룹 2[2]	–	–	34.39	0.05	–
	하이브리드	1,722.43	3.93	3,367.93	5.05	18.25
	온라인(B)	–	–	54.54	0.08	–
	오프라인	1,722.43	3.93	3,313.39	4.92	17.77
	소계(=A+B)	45.17	0.10	219.90	0.33	48.54
일반 투자자문사		42,066.18	95.97	63,213.13	94.71	10.72
합계		43,833.78	100.00	66,746.42	100.00	11.08

1) 2016년 2월 말 기준 웹사이드 등에서 로보 어드바이저로 알려진 투자자문업자
2) 그룹 1에 속하지 않는 인터넷 자문업자
3) 복합연평균증가율(compound average growth rate)로 계산함
(출처 : SEC Form ADV, 자본시장연구원)

한편, 금융투자협회는 로보 어드바이저를 자동화 정도와 전문
가 개입 여부에 따라 운용형(Fully-Automated Platform), 자문형(Self-

로보 어드바이저 유형

	운용형	자문형	하이브리드형
주요 서비스	· 리밸런싱, 최적세제 전략 서비스 등 제공	· 저수익고비용 상품 교체, 리밸런싱 제안	· 고객과 커뮤니케이션 수단으로 활용
수수료	· 관리자산기준 부과 (0.15%~0.5%)	· 주로 월정액 수수료 (5달러~15달러)	· 관리자산기준, 월정액 모두 활용
주요 회사	· Wealthfront, Betterment, FutureAdvisor 등	· Jemstep, MarketRiders 등	· Personal Capital, LearnVest 등

(출처 : 금융투자협회)

Extracted Trades), 하이브리드형(Advisor-Executed Trades) 3개 유형으로 분류하고 있다.

운용형(Fully-Automated Platform)은 알고리즘 기반 소프트웨어가 직접 자산배분 및 리밸런싱 거래를 수행한다. 로보 어드바이저가 알고리즘 기반의 소프트웨어를 통해 자산배분을 최적화하고 고객 자산을 직접 운용한다. 또한 리밸런싱 및 최적 세제전략 등의 서비스도 제공한다.

자문형(Self-Executed Trade)은 알고리즘 기반 소프트웨어를 통해 자산배분 및 리밸런싱을 제안하고 거래는 고객이 수행한다. Self-Extracted Trades는 투자 주체가 고객이 되고, 고객의 포트폴리오 모니터링 및 리밸런싱 제안 등 정기적인 자문을 제공하는 유형이다.

하이브리드형(Advisor-Executed Trades)은 소프트웨어로 산출된 자산 배분 및 리밸런싱을 인간 전문가가 검증 또는 거래한다. 또한 소프트웨어로 산출된 투자 전략을 기반으로 삼아 금융전문가의 판단으로 자문 및 운용 업무를 수행한다. 업체별로 서비스의 형태는 다소 차이가 있으나 주로 고객 입력 데이터를 활용해 투자 대상을 선정하고 현대 포트폴리오 이론(MPT : Modern Portfolio Theory)을 적용해 자산을 배분하거나 리밸런싱 서비스도 주기적으로 제공한다.

누구나 얼마든 어디서든, 허들 낮춘 로보 어드바이저

03
Robo Finance

로보 어드바이저의 가장 큰 특징은 자산관리의 대중화, 세대교체, 낮은 수수료, 투명성 등을 꼽을 수 있다.

글로벌 자산관리 시장은 과학기술의 발달과 고령화, 저성장, 금융위기 등을 배경으로 변화를 겪고 있다. 그중에서도 밀레니엄 세대교체, 인간과 로봇의 경쟁 및 협업, 알고리즘과 빅데이터에 의한 분석과 예측, 산재된 투자목표의 종합관리, 대중적 부유층의 신시장 개척, 은퇴자산시장 집중, 기존 어드바이저(Advisor)와 신세대 고객들과 세대차이, 저성장 · 저금리 · 고령화, 규제 및 리스크 관리 강화, 새로운 경쟁패턴의 출현 등이 10대 변화요인으로 제시된다.

로보 어드바이저는 상기 자산관리 시장의 변화 요인들을 모두 반영하는 대표적인 신종 자산관리 서비스에 해딩한다.

❶ 대중화

로보 어드바이저는 부유층이 아닌 다수 대중을 주된 고객으로 타깃팅하는 것이 특징이다. 부유층이 아닌 일반 자산가들은 자산관리 서비스에 대한 수요가 있으나, 자산 규모가 크지 않다는 이유로 충분한 서비스를 제공받지 못해왔다.

미국 가계의 규모별 투자가능자산 보유현황

(단위 : 조 달러)

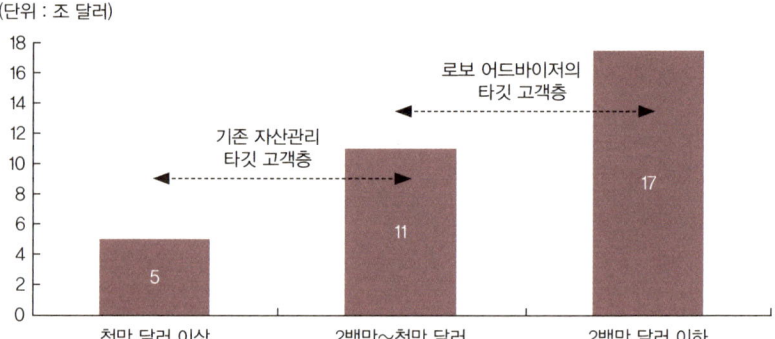

(출처 : Bettement)

한국 가계의 5분위별 금융자산 보유현황

(단위 : 조 원)

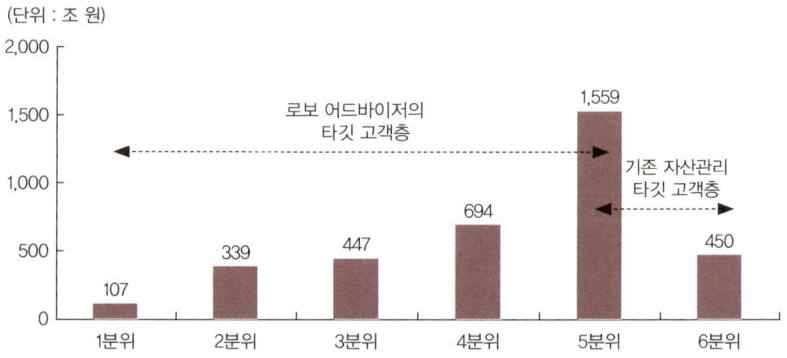

(출처 : 통계청)

전통적 자산관리 영업은 주로 고액자산가(초부유층 포함)를 대상으로 했지만, 로보 어드바이저는 고액자산가와 함께 소액이라도 자산관리를 원하는 대중을 대상으로 한다. 로보 어드바이저는 소액자산가들이 원하는 기초적인 자산관리 서비스를 파악하고, DIY(Do It Yourself) 형식으로 서비스를 직접 제공받을 수 있는 플랫폼으로 새로운 시장을 창출하고 있다.

그 중에서도 가장 일차적인 서비스가 자산배분 플랫폼이다. 고객이 직접 입력한 간단한 정보(연령, 재산, 소득수준, 투자기간, 투자목표 등)로 프로파일을 분석하고 알고리즘에 따라 적합한 투자포트폴리오를 추천하는 서비스가 이에 해당한다.

전통적인 종합자산관리 서비스는 대규모 인력 및 자본력을 갖춘

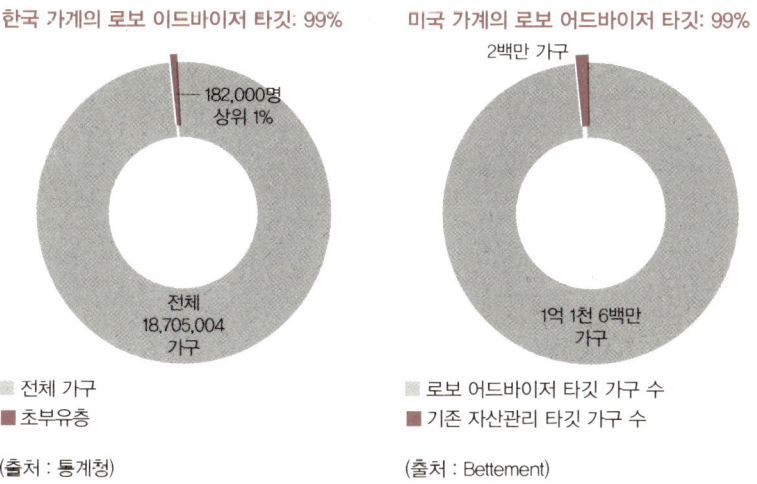

한국 가게의 로보 이드바이저 타깃: 99%

182,000명
상위 1%

전체
18,705,004
가구

⬛ 전체 가구
🟥 초부유층

(출처 : 통계청)

미국 가계의 로보 어드바이저 타깃: 99%

2백만 가구

1억 1천 6백만
가구

⬛ 로보 어드바이저 타깃 가구 수
🟥 기존 자산관리 타깃 가구 수

(출처 : Bettement)

대형금융기관 몫인 반면, 알고리즘으로 자동화된 자산관리 서비스는 소규모 자본과 인력으로 창업이 가능하다. 특히 2010년 이후 로보 어드바이저 업체들이 런칭할 당시 벤처캐피탈의 참여로 초기 자본을 조달한 스타트업 사례가 많이 발견된다. 또한 로보 어드바이저 인력은 30명 내외로 관리비용을 최소화할 수 있는 수준이다.

이로써 대형금융기관이 부족한 경제적 수익성을 이유로 소액 자산가들을 커버하지 못했다면, 로보 어드바이저의 소액 창업회사로는 소액 자산가들을 틈새시장으로 공략이 가능하다.

대규모 인력과 자본력을 갖춰야하는 종합 자산관리 서비스가 사업의 수익성을 획득하기 위해서는 소수의 초부유층으로부터 큰 금액의 투자자산을 유치하는 전략이 유효했다. 반면 온라인 플랫폼 자산관리 서비스는 초기 인프라 및 인력구성이 완성된 이후에는 추가의 고객유치에 따른 비용부담이 빠른 속도로 완화되는 장점이 있다. 로보 어드바이저는 다수의 대중으로부터 소규모 투자자산을 확보하는 전략을 택하고 있다.

한국과 미국의 경우에도 기존의 자산관리 시장보다는 로보 어드바이저 타깃 고객층이 더욱 넓고 규모도 크다. 기존 자산관리 서비스는 소액 자산가들에게 많은 노력을 투입하더라도 수익을 창출하는 효과가 미비하다. 또 물리적(대면 접촉 인력, 지점 공간 등)으로도 소액 자산가들에게 집중하기 어려운 구조다.

반면 로보 어드바이저는 소액 자산가들에게 저렴한 수수료를 제시하며 자산관리 수요를 충족시킬 수 있다. 특히 가구 수(또는 인구)를 기준으로 전통적 자산관리 서비스와 로보 어드바이저 시장을 구분하면 99%의 대다수가 로보 어드바이저의 고객에 해당한다. 한국의 경우 '부자'(금융자산 10억 원 이상을 소유한 개인)에 해당하는 인구가 전체의 1%에도 못 미치는 182,000명으로 추정된다. 물론 대한민국의 부자들이 보유한 금융자산은 전체의 14.3%에 해당해 종합자산관리의 주된 고객이지만, 로보 어드바이저와 같이 자동화되고 간편하고 저렴한 자산관리 서비스를 원하는 수요층이 대부분이다.

그리고 대한민국 인구의 99% 금융자산의 85.7%가 자산관리 서비스를 아직 경험하지 못했다면, 수입·지출에 대한 조언이나 목돈 마련의 방법, 위험수준에 맞는 포트폴리오 구성 등의 서비스는 넓은 수요층을 확보할 수 있다.

❷ 젊은 세대의 등장

로보 어드바이저는 투자자 60% 이상이 밀레니엄(1980~2000년생) 세대로 구성될 만큼 젊은 층의 수요가 강하다. 따라서 베이비붐 세대 또는 X세대에 제공하던 자산관리 서비스와는 다른 방식의 접근이 필요하다. 세대의 교체가 진행될수록 자산관리 서비스의 방식도 함께 변화되어야 한다.

미국의 세대별 재무적 특징 비교

세대	생년	생애 주기	재무정보 습득	큰 걱정	기타 특징
은퇴 세대: 인구 12% (The greatest generation) (The silent generation)	1928년 이전 1928~1945년	이미 은퇴	Financial advisor(78%) Website(33%) Traditional media(31%)	금융위기 재현(83%) 의료비용(66%) 은퇴 후 잔여 저축(48%)	큰 도전: 소득 창출
베이비부머: 인구 24% (Leading-edge boomer) (Trailing-edge boomer)	1946~1955년 1956~1964년	이미 은퇴 은퇴 직전 (최대 소득)	Financial advisor(50%) Website(45%) Traditional media(43%)	금융위기 재현(86%) 의료비용(76%) 은퇴 후 잔여 저축(74%)	자식 및 부모 부양
X세대: 인구 16%	1965~1980년	근로 가족 형성	Website(48%) Financial advisor(43%) Family(41%)	금융위기 재현(85%) 은퇴 후 잔여 저축(78%) 은퇴 후 원하는 생활(78%)	테크놀로지 활용 (커뮤니케이션, 협업 등)
밀레니엄 세대: 인구 24%	1980~2000년	근로 승진 추구	Website(58%) Financial advisor(51%) Family(49%)	재무 교육(80%) 금융위기 재현(79%) 은퇴 후 잔여 저축(78%)	학자금 대출 걱정 위험회피적 금융회사에 회의적 높은 교육 항상 connected

(출처 : Harris Interactive(Nationwide Consumer Study), 유진투자증권 정리)

밀레니엄 세대에 의한 자산관리 시장의 변화는 한국에서도 예외는 아니다. 고령화와 1~2인 가구화가 전 세계에서 가장 빠르게 진행되는 가운데, 은퇴 이후 재무설계와 1~2인 가구 중심의 주거문화(월세 전환)에 대한 대비가 가장 시급하다. 생애주기에 걸친 재무설계, 거주 문화와 연계된 목돈마련 및 수입·지출 관리, 젊은층의 자산관리 수

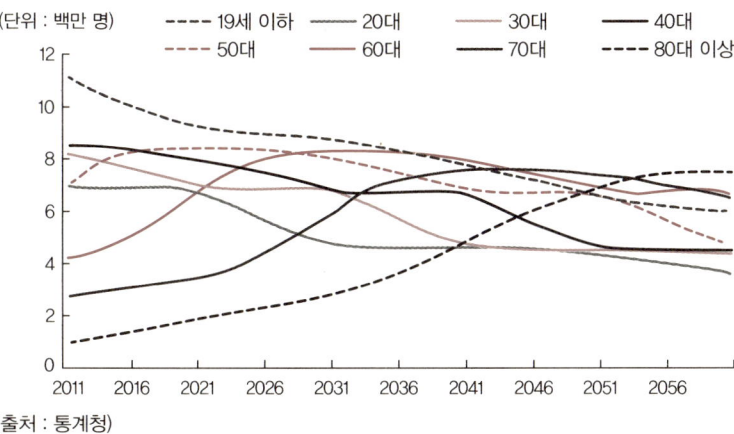

대한민국 연령별 인구 추계

(단위 : 백만 명)　- - - - 19세 이하　—— 20대　—— 30대　—— 40대
- - - - 50대　—— 60대　—— 70대　- - - - 80대 이상

(출처 : 통계청)

미국 로보 어드바이저에 대한 세대별 수요

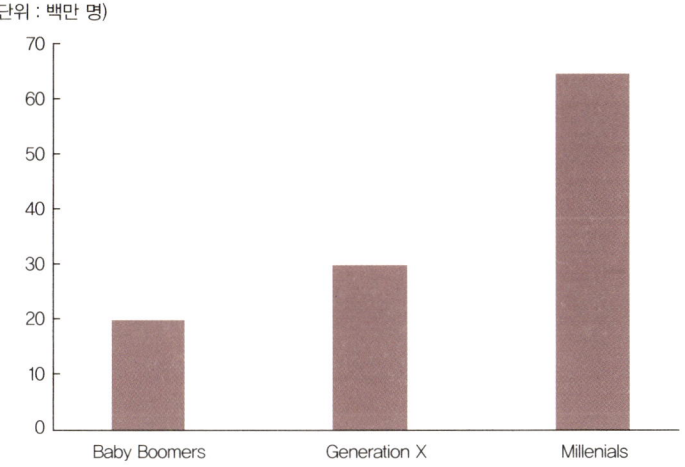

(단위 : 백만 명)

(출처 : SureUp Insurance Services(2016))

요 증가 등으로 인해 어드바이저의 역할은 더욱 중요해진다. 다만 밀
레니엄 세대를 포함한 젊은 수요층은 합리적인 사고, 고등 교육, 정

보 획득 능력, 지식 공유, DIY 등의 특성이 강해 전통적인 어드바이저의 역할 이상이 요구된다.

반면 젊은 수요층은 종합자산관리 서비스를 받을 만큼의 재산을 형성하지 못해 충분한 자산관리 서비스를 받기 어렵다. 결국 로보 어드바이저가 출현한 배경 중에는 자산관리 서비스 사각지대인 젊은 수요층을 흡수하려는 목적이 강하다고 볼 수 있다.

❸ 저비용 & 비용구조 투명성

로보 어드바이저의 가장 큰 장점은 저렴한 수수료 비용을 꼽을 수 있다. 로보 어드바이저 수수료율은 평균 30bp(1bp=0.01%p) 내외로 전통적 자산관리 서비스의 100bp 대비 1/3 이상 저렴하다. 이러한 수수료 차이는 기존 전통적 자산관리 서비스의 수수료 인하에도 영향을

로보 어드바이저를 선택한 주된 동기 : 저렴한 수수료 비용이 가장 중요

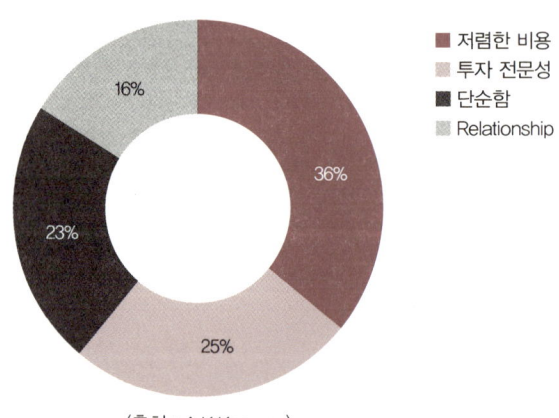

(출처 : A.K.Kearney)

준다. 투명한 수수료 체계를 공개하고, 투자자들이 인지하지 못하고 부가되는 추가 비용을 제거함으로써 투명성을 강점으로 제시한다.

최근까지 자산관리 서비스는 주로 HNWI(High-Net-Worth-Individuals : 고액순자산 보유자)에 집중되어 있었고, HNWI가 요구하는 수요가 다양해짐에 따라 금융회사의 비용 부담이 가중되는 추세다. 특히 글로벌 금융위기 이후 규제 및 리스크 관리 강화, 준법제도 심화, 고객 수요 다양화, 백오피스(회계) · 미들오피스(투자) 업무 확대, 사이버 보안 강화 등의 원인으로 금융회사의 비용 부담은 커지고 있다. 금융회사들은 자산관리 시장에서도 새로운 수익원을 찾는 동시에, 비용을 줄일 수 있는 방안을 고심 중이다.

로보 어드바이저
기대효과

Robo Finance

로보 어드바이저 활용을 통해 가장 기대되는 바는 고객자산을 고객 투자성향과 투자목적에 맞게 잘 배분하고 그에 따른 위험을 잘 관리해주는 데 있다.

투자자문가를 통해 투자할 경우 전문가에 따라 많은 격차가 발생한다. 그러나 알고리즘 기반 로보 어드바이저는 투자자 개개인의 목적, 성향 등을 종합적으로 고려해 맞춤 서비스를 제공하는 것이 특징이다. 로보 어드바이저는 과학적이고 투명한 서비스로 고객의 신뢰를 높일 뿐 아니라 고객에게 의사결정을 강요하지 않기 때문에 고객만족도도 높일 수 있다. 또한 로보 어드바이저는 감정이 없다. 즉, 사람을 대면하면서 투자자문을 거절하는 데 어려움을 겪는 소비자는 더욱 요긴하게 사용할 수 있다.

로보 어드바이저를 통한 기대효과는 크게 네 가지로 정리할 수 있다.

첫 번째, 로보 어드바이저는 시장상황 변화에 신속하게 대응할 수 있다. 기존 투자자문사들이 시장추종형인 반면 로보 어드바이저는 시장대응 시스템에 기반을 두고 안정성을 높인 것이 특징이다.

로보 어드바이저는 알고리즘을 이용해 자동화된 절차에 따라 시장상황 변화를 실시간으로 학습하고 분석해 서비스에 반영한다. 따라서 시장상황 변화에 민감한 고객 투자 성향과 목적을 고려해 개개인 맞춤형 서비스를 제공한다. 실시간 시장정보를 처리하고 분석하는 빅데이터 기술을 이용할 경우 자동으로 리밸런싱을 수행하거나 제안한다.

두 번째, 기존 투자자문 또는 자산관리 서비스에 로보 어드바이저가 등장하면서 비교 및 평가가 이루어져 경쟁력이 강화된다. 사람에 의한 서비스는 사전에 경험하는 데 높은 비용이 소요되기 때문에 고객 입장에서 서비스를 질적으로 비교하기 어렵다. 결국 투자자문사를 운 좋게 잘 만나는 수밖에 다른 방법이 없단 말이 나오는 이유다.

이와 달리 로보 어드바이저는 사전에 경험할 수 있도록 소비자에게 테스트 서비스를 제공하는 곳이 대부분이다. 이로 인해 고객은 서비스를 질적으로 비교하기 수월하다. 자연스럽게 로보 어드바이저 간 서비스 질 경쟁이 심화될 뿐 아니라, 기존 투자자문사 간 경쟁을 촉진시킨다.

세 번째, 로보 어드바이저는 자문보수 인하 경쟁을 촉발시킨다. 기존의 사람에 의한 서비스는 수동적으로 제공되기 때문에 서비스 주기가 잦을수록 비용이 크게 올라간다. 그만큼 시간과 노력이 많이 소요되기 때문이다. 이와 달리 로보 어드바이저는 사람의 개입을 최소화하고 대부분의 절차를 자동으로 제공하기 때문에 다수에게 서비스를 동시에 제공할 수 있다. 즉 서비스 주기가 잦더라도 한계비용을 낮게 유지할 수 있다. 로보 어드바이저는 이렇게 절감된 비용을 고객의 자문보수를 인하하는 데 활용한다. 낮은 자문보수는 신규고객을 유치하고 기존 고객을 유지하는 데 중요한 전략이 될 수 있다.

네 번째, 로보 어드바이저로 인해 투자자문 또는 자산관리 서비스가 대중화될 것이다. 인간에 의한 투자자문 서비스는 점포 관리비, 인건비 등 고정비용이 높아서 기관투자자 또는 고액자산가 중심으로 제공되어왔고, 소액투자자 또는 일반대중 투자자문 또는 자산관리 서비스에 대한 접근성은 상대적으로 매우 낮았다. 반면 로보 어드바이저는 서비스를 제공하는 과정에서 사람의 개입을 최소화하고 이를 자동화하기 때문에 최소 투자한도를 크게 낮출 수 있다. 서비스 공급의 한계비용이 낮은 만큼 일정 수준 이상의 자문보수를 요구하지 않아도 되기 때문이다.

실제로 로보 어드바이저가 먼저 도입된 국가 대부분에서 투자자문 또는 자산관리의 최소 투자한도가 낮아졌다. 미국, 영국, 호주 등에서는 온라인 환경에 익숙한 젊은 세대를 중심으로 로보 어드바이저에 대한 수요가 크게 증가하는 등 로보 어드바이저가 서비스의 대중화를 이끌고 있다.

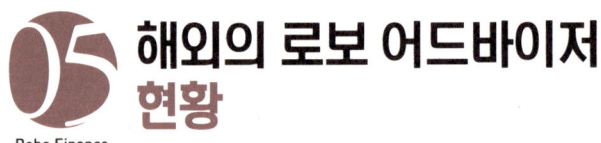

05 해외의 로보 어드바이저 현황

Robo Finance

미국의 골드만삭스는 금융시장 분석을 위해 인공지능 업체 '켄쇼' (Kensho)에 약 1,500만 달러를 투자했고, 실제 업무에도 활용하고 있다. 2013년 설립된 크라우드 기반 소프트웨어 스타트업 켄쇼는 방대한 금융 데이터 분석을 통해 투자자의 질문에 응답하는 기능을 보유하고 있다. 인공지능 기술인 딥러닝을 이용해 기업 실적, 정치 이벤트, 경제 데이터, 정책 변화 등 9만 개 이상의 변수를 분석해 6,500만개 이상의 금융시장 관련 예상 질문에 대한 솔루션을 제공한다. '시베리아 내전 발생에 따른 에너지 관련 주가 및 원자재 가격의 변화는?' 등과 같은 질문에 응답하며, 주로 금융사 직원들이(골드만삭스 등) 고액 투자가들에게 투자관련 질문을 받았을 때 신속하고 정확한 답변을 위해 사용된다.

골드만삭스 외에도 많은 금융기관들이 경제지표, 기업 실적, 주가 동향 등을 분석해 자연어(인간이 사용하는 언어) 기반의 문서를 자동생성하는 소프트웨어를 업무에 적용 중이다.

로보 어드바이저 회사들은 주로 2010년 이후에 스타트업으로 설립되어 아직 산업에 대한 정확한 통계가 집계되지는 않는다. 베터먼트나 웰스프론트 등 대표적인 로보 어드바이저 회사들이 밝히는 고객 수, 운용자산 규모 등을 취합해 시장 규모를 추산하는 수준이다. 그러나 기술력의 발달로 다양한 금융수요를 충족하려는 과정에서 회사마다 독특한 사업전략을 확보하고 있다. 투자의 직접 지원, 포트폴리오의 제안, 재무설계 등 서비스 영역이 넓어지는 가운데, 투자 대상도 확대되고 빅데이터를 활용한 분석·예측 기법이 동원되면서 로보 어드바이저의 성장 가능성이 점차 높아지고 있다. 아울러 대형 금융기관들도 로보 어드바이저를 통해 기존의 고객들에게 다양한 서비스를 제공하려는 시도가 늘고 있어, 전통적 어드바이저와 연계된 자산관리 서비스도 확대되는 추세다.

로보 어드바이저 회사들에 관한 데이터는 여러 기관에서 집계되고 있으며, 산업의 성장속도가 빨라 운용자산규모와 같은 데이터는 수시로 변동해 일관된 정리는 어렵다. 그 중에서도 통계가 잘 집계된 자료들을 다음과 같이 정리했다.

주요 로보 어드바이저 현황(1)

회사	Approx. AUM	Type	재량권	비용	$십만	$백만	$천만	비고
Financial Engines	$114,500,000,000	RIA	Depends	$150/yr advice	0.2%~0.6%			$2B market cap
Vanguard Personal Advisor Services	$21,200,000,000	Custodian	yes	30 bps	0.30%	0.30%	0.25%	
Morningstar Associates	$15,223,965,689	RIA	yes	Varies				
Guided Choice	$11,842,681,395	RIA	Depends	$500/year	0.45%			
Schwab Intelligent Portfolios	$5,000,000,000	Custodian	yes	No fees	0%	0%	0%	3/9/2015 launch
Betterment	$3,002,939,877	Roboadvisor	yes	Multiple options	0.15%	0.15%	0.15%	$105M VC 2015
Wealthfront	$2,612,809,400	Roboadvisor	yes	25 bps(1st 10K free)	0.23%	0.25%	0.25%	$129M VC 2015
Index Fund Advisors	$2,565,383,284	RIA	yes	Tiered	0.90%	0.82%	0.39%	Automated + advisor
Promanage	$2,125,411,965	RIA	Depends	Varies				Defined Cont. plans
PersonalCapital	$1,518,220,789	Roboadvisor	yes	Wrap fee tier	0.89%	0.89%	0.67%	$104M VC
AssetBuilder	$686,369,069	RIA	yes	Tiered	0.45%	0.30%	0.25%	
FutureAdvisor	$600,000,000	Roboadvisor	yes	Basic Free	0.50%	0.50%	0.50%	$21M VC, Blackrock
Rebalance IRA	$245,000,000	Roboadvisor	yes	$250 set-up + 50 bps	0.50%	0.50%	0.50%	
Blooom	$156,898,717	Subscription		$15/month				
Acorns	$87,000,000	Roboadvisor	yes		0.25%	0.25%	0.25%	$32M VC
SigFig	$70,000,000	Roboadvisor	yes	25 bps				$20M VC, oversee $350B

회사	Approx. AUM	Type	재량권	비용	$십만	$백만	$천만	비고
Smart401k	$51,213,508	Robo/Subscription	Depends	$199.95/year				401K Advisor
Covestor	$31,360,231	Subscription		Varies				$24M VC & sale
WiseBanyan	$21,071,513	Roboadvisor	yes	Basic Free, Custom 50~100bps				
Hedgeable	$19,135,987	RIA	Depends	Tiered	0.70%	0.55%	0.30%	$474,827,789 AUA
Marketriders	$5,981,791	Subscription	No	$149.95/yr				oversee $4B
TradeKing Advisors	$5,000,000	Roboadvisor	yes	25/50bps				M*/Ibbotson wrap
Invessence	$3,200,000	RIA	yes	25 bps($250/yr min)	0.25%	0.25%	0.25%	
Upside Advisor	$2,272,307	Roboadvisor	yes	25bps	0.25%	0.25%	0.25%	$1M VC &sale
E*Trade Online Managed Inv. Port.	N/A	RIA	yes	Tier	0.90%	0.74%	0.66%	$3.1B AUM 3 products
Edelman Online	N/A	RIA	yes	Tier	2.00%	1.40%	0.71%	$14B AUM fraction online
Robinhood (0 commission broker)	N/A	Custodian		No commissions				$13M VC
Motifinvesting	N/A	CustomFunds		$9.95/30 stocks				$186M VC
FolioInvesting	N/A	CustomFunds		$290/year				
iQuantifi	N/A	Subscription	No	$89/year				
FinancialGuard	N/A	Subscription	No	$15.95/month				$2M VC
LearnVest.com	N/A	Subscription	No	Varies, $19/month				$69M VC & sales
MyPlanIQ.com	N/A	Subscription	No	Varies				

(출처 : investorhome.com)

주요 로보 어드바이저 현황(2)

업체	최소 투자금액	수수료	ETF 보수	포트폴리오	비고
Betterment	없음	1만 달러 이하 0.35% 1만 달러 이상 0.25%	0.05~0.35%	최대 12개 ETF	목표 및 ETF 비중 변경 가능
Charles Schwab Intelligent Portfolios	$5,000	없음	0.04~0.48%	최대 20개 ETF	제안된 ETF 중 3개까지 삭제 가능
Covestor Core Portfolio	$10,000	약 20달러 가량 연간 거래수수료	0.05~0.75%	5~10개 ETF	―
Fidelity Investments Portfolio Builder	$2,500	거래 당 7.95달러	0.07~0.45%	2~10개 ETF	배분 비중 변경 가능
Hedgeable	$5,000	10만 달러 미만 0.75% 10만 달러 이상 0.65%	0.05~0.88%	ETF 및 개별 주식	주식, 비트코인, MLP, PE 제공 가능
Motif Investing Horizon Portfolios	$250	없음	0.05~0.75%	6개 ETF	자산배분 조정 가능 9.95달러 비용으로 직접 생성 가능
Personal Capital	$100,000	100만 달러 이하 0.89%, 100만 달러 초과 0.49 ~ 0.79%	0.06~0.10%	최대 100개 주식 최대 20개 ETF	자산관리사와 상담 가능
Rebalance IRA	$100,000	0.5% 첫 번째 250달러 셋업 수수료	0.05~0.60%	10개 ETF	자산관리사와 상담 가능
SigFig	$2,000	1만 달러 이상 0.25%	0.05~0.15%	6개 ETF	리스크 레벨 변경 가능
TradeKing Advisor	$5,000	0.25% 첫 해 무료	0.12~0.20%	14 ~ 20개 ETF	결과값 변경을 위한 설문 조정 가능
Vanguard Personal Advisor	$100,000	0.30%	0.05~0.19%	고객 맞춤	자산관리사와 상담 가능
Wealthfront	$5,000	1만 달러 이하 없음 1만 달러 이상 0.25%	0.05~0.75%	최대 7개 ETF	포트폴리오 비중 변경 가능

(출처 : WSJ, 현대증권, 유진투자증권)

회사	Financial Planning	Account aggregation	Asset Allocation	ETF	Individual Stock	Single-stock Diversification	Automated Rebalancing	Automated Deposits/ Transfers	Dividend reinvestment	Tax Loss Harvesting
Wealthfront			○	○	○	○	○	○	○	○
Betterment			○	○			○	○	○	○
Personal Capital	○	○	○	○	○		○	○	○	○
Future Advisor		○	○	○			○	○	○	○
Learn Vest	○	○	○							

(출처 : EY_Advice goes virtual)

주요 로보 어드바이저 현황(4)

Service	Advisor Version	Human Financial Advisor	AUM	Account Minimum	# of Accounts	Fee Range and Prices	Products	USP
Asset Builder	No	Yes – Assistance with asset allocation	$686m	$50,000	2,729	0.2%–0.5%	DFA Funds	Emphasis on Asset Allocation and use of DFA Funds
Betterment	Yes	Yes – One time consultation for those with over $500k	$2,100m	$0	105,041	0.15%–0.35%	ETFs	Partnership with Fidelity and Tax Loss Harvesting
FutureAdvisor	No	Yes – Phone, Email	$232m	$0	3,460	0.50%	ETFs	Account Aggregation

Service	Advisor Version	Human Financial Advisor	AUM	Account Minimum	# of Accounts	Fee Range and Prices	Products	USP
Jemstep	Yes	No – Platform For Advisors	Doesn't Hold Assets	$0	Unknown	$0–$70 a month	ETFs and Mutual Funds	Account Aggregation and Access Held Away Assets
Learnvest	No	Yes – Phone, Email	Doesn't Hold Assets	$0	5,200	$299 set up fee $19 a month	No typical product recommended	Speak To CFPs On The Phone
Personal Capital	No	Yes – If over $1m to invest	$1,250m	$100,000	9,094	0.49%–0.89%	Stocks and ETFs	Account Aggregation, Budgeting, Cashflow Analysis
Schwab Intelligent Portfolios	Yes	No – Platform For Advisors	Unknown	$5,000	Unknown	0.01% for custody less than $100m, Free over $100m	ETFs	Cost and Brand
SigFig	No	No	$70m	$2,000	1,517	First $10k Free then 0.25%	ETFs	Cost
Trizic	Yes	No – Platform For Advisors	Unknown	Unknown	Unknown	0.05%–0.1%	All	User experience
Upside Advisor	Yes	No – Platform For Advisors	Unknown	$1m of AUM on the platform	Unknown	0.1–0.25%, $2,500 Set Up Fee	ETFs	User experience
Vanguard Personal Advisor Services	No	Yes – Phone, Email, Chat	$17,200m	$50,000	Unknown	0.30%	Vanguard ETF and Mutual Funds	Cost and Brand
Wealthfront	No	No	$2,250m	$5,000	29,787	0.25%	ETFs	Cost and Tax Loss Harvest

(출처 : Pocket Risk)

해외의 대표 로보 어드바이저 상세분석

06

Robo Finance

❶ 웰스프론트(Wealthfront)

미국에서 선도적으로 로보 어드바이저 서비스에 나선 스타트업은 웰스프론트와 베터먼트가 대표적이다. 두 곳을 비교분석해 보자.

웰스프론트는 2008년 앤디 라글레프(Andy Rachleff)와 댄 캐럴(Dan Carroll)에 의해 캘리포니아 팔로알토에 설립되었다. 이어 2011년 로보 어드바이저를 활용한 개인 자산관리 서비스를 출시했다. 온라인 자동화 포트폴리오 관리 서비스로, 고객의 나이, 연수입, 금융자산 투자규모, 투자성향 등 투자자 정보를 입력하게 한다. 입력된 정보는 알고리즘 기반 플랫폼에서 계산돼 그에 적합한 투자목표 등 투자계획을 보여준다.

웰스프론트는 투자금액 1만 5천 달러 이하 시 수수료가 무료인 것을 앞세웠다. 주로 캘리포니아 실리콘밸리의 젊은 엔지니어층을 타깃으로 급성장했다. 구글, 페이스북, 트위터의 엔지니어와 대형투자은행 운용인력, 법률 및 세무전문가로 구성되어 있으며,《랜덤워크》(A Random Walk Down Wall Street)의 저자로 유명한 프린스턴대학 경제학 교수 버튼 멜키엘(Burton Malkiel)을 최고투자책임자(CIO)로 영입하

웰스프론트 AUM(운용자산) 규모 추이

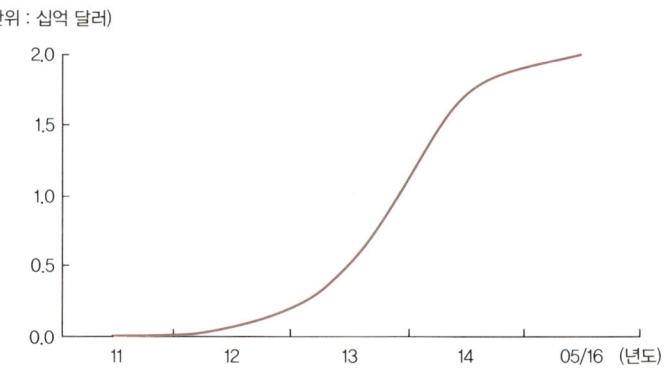

(단위 : 십억 달러)

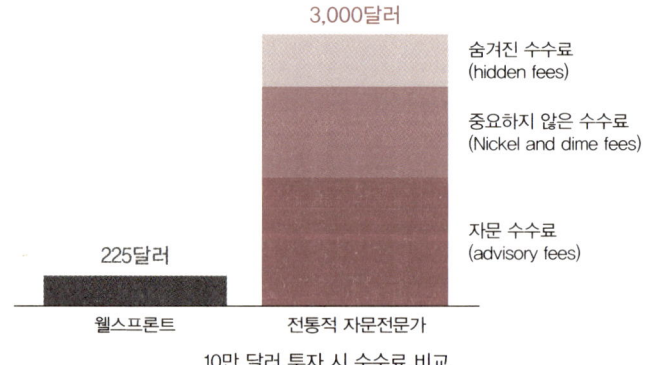

3,000달러

숨겨진 수수료
(hidden fees)

중요하지 않은 수수료
(Nickel and dime fees)

자문 수수료
(advisory fees)

225달러

웰스프론트

전통적 자문전문가

10만 달러 투자 시 수수료 비교

(출처 : Wealthfront, 신한금융투자)

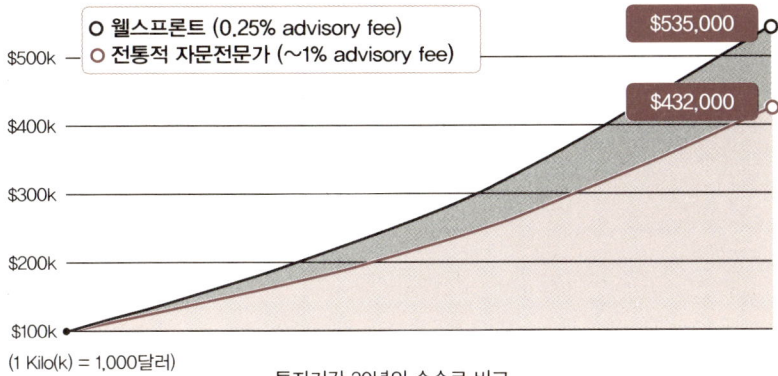

○ 웰스프론트 (0.25% advisory fee)	$535,000
○ 전통적 자문전문가 (~1% advisory fee)	$432,000

$500k
$400k
$300k
$200k
$100k

(1 Kilo(k) = 1,000달러)

투자기간 30년의 수수료 비교

면서 큰 화제가 되었다.

이 회사의 상품은 일임형 로보 어드바이저 서비스를 제공하며 은퇴설계 계좌와 비은퇴설계 계좌 두 분류로 나뉘어져 있다. 주식 ETF와 채권 ETF로 포트폴리오를 구성하며 평균분산화최적화모델 (MVO) 모형으로 먼저 구성할 자산을 걸러낸 다음 Black-Litterman* 모형을 이용해 자

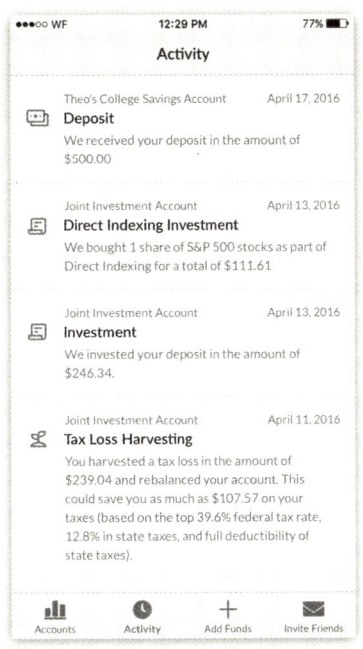

---

* 자산배분 모형 중 하나로, 자산배분의 대한 결정을 전적으로 자산군의 기대수익률과 표준편차로부터 시작하지 않고 시장을 대변하는 시장포트폴리오(인덱스 벤치마크)에 근거하여 진행한다.

산 배분을 최적화하는 방식이다. 잔고 1만 5천 달러까지는 무료이며 그 이후로는 연 0.25% 수수료가 부과된다. 최소 투자금액은 500달러로 대중 고객을 타깃으로 한다.

웰스프론트의 특징 중 하나는 세금 줄이기 전략으로 서비스 대상은 총 투자금 연 10만 달러 이상 고객이다. 자산 매도 타이밍을 잘 조절해 세금을 최대한 절약할 수 있도록 하는 기능이다. 이 기능으로 고객들은 연 평균 총 자산의 2%에 해당하는 절세효과를 본다.

웰스프론트는 지난 2016년 4월 3.0 버전을 발표했다. 2011년 정식 서비스 출시 이후 2013년에 효율적인 자산관리에 집중할 수 있도록 UI를 대거 업데이트한 Wealthfront 2.0을 발표한 바 있다.

이번 3.0에서는 '자산관리를 넘어 인공지능 기반 전반적 재무 서비스'를 제공한다는 슬로건을 내세웠다. 3.0 버전은 단순 포트폴리오 투자관리가 아니라 사용자가 언제든지 생애 재무설계를 확인하고 보다 다양한 재무 솔루션과 연동해 거시적 관점에서 재무관리를 할 수 있도록 UI를 디자인했다. 이를 위해 웰스프론트는 렌딩클럽(Lending Club), 비모(Venmo), 코인베이스(Coinbase)와 같은 서비스처럼 직접 API를 통해 고객들이 다양한 앱에서 웰스프론트에 접속할 수 있도록 지원한다.

여러 서비스의 API 간 연동을 통해 고객에 대한 다양한 정보를 수집하고 이를 보관·분석하는 메커니즘이 확립되면, 고객 개개인의 성향에 맞는 포트폴리오 투자관리 서비스와 그 밖에 재무 서비스를 제공한다는 방침이다.

❷ 베터먼트(Betterment)

베터먼트는 2008년 설립된 로보 어드바이저 업체로, 창업주이자 최고경영자(CEO) 존 스타인(Jon Stein)은 5년간 은행과 증권사 종사자들에게 상담해주는 컨설턴트로 일했다. 이때 '월가는 돈과 고객 유치에만 관심이 있고 고객 자체에는 관심이 없다'는 것을 깨닫고 창업을 결심했다. 베터먼트는 투자자문, 은퇴설계, 주식위탁매매(브로커리지) 자동화 서비스를 위한 온라인 플랫폼 사업을 진행중이다.

베터먼트는 대표적인 운용형 로보 어드바이저로 일임 서비스를 제공한다. Black-Litterman 모형을 기반으로 포트폴리오를 운용하고 있

베터먼트 AUM(운용자산) 규모 추이

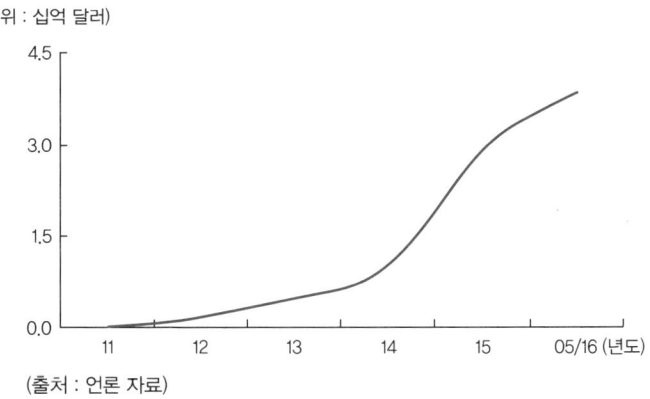

(단위 : 십억 달러)

(출처 : 언론 자료)

기 때문에 투자 범위가 매우 넓고 특정 자산에 대한 쏠림현상이 없다는 것이 특징이다. 포트폴리오 자산은 국내외 주식 상장지수펀드(ETF)와 채권 ETF로 구성된다.

베터먼트는 고객으로부터 투자기간과 목표를 얻은 후, 이에 가장 적합한 위험도를 결정한다. 이는 시장 여건이 불리한 수준에서 평균 수준에 이르는 광범위한 시장 상황을 투자기간에 반영하고, 최적의 결과를 예상하는 절차를 통해 이루어진다. 투자자에게 적합한 위험도가 결정되면 이에 맞는 글로벌 주식 및 채권으로 분산된 ETF 포트폴리오를 구성한다. 한편 미래에 대한 예측이 정확하지 못할 수 있으므로, 수익추정모델은 불확실성 및 불리한 결과에 더 높은 가중치를 부여한 보수적 시나리오(below-average scenarios)로 하방위험을 관리한다.

투자기간과 위험관리의 예를 들면 10만 달러를 3년간 주식 70%로 구성된 포트폴리오로 운용할 경우, 베터먼트가 예상하는 평균 기대수익은 12만 2천 달러, 상위 5% 기대수익은 18만 달러, 하위 5% 기대수익은 8만 2천 달러로 나타난다. 이 경우 양의 수익률과 함께 음의 수익률도 예상된다. 한편 투자기간을 3년에서 10년으로 확대하면 하위 5%의 기대수익은 8만 2천 달러에서 9만 9천 달러로 원금손실 위험이 크게 축소된다. 결국 투자기간이 늘어날수록 원금손실 위험을 축소시킬 수 있다는 결론이다.

투자기간 3년의 예상 결과

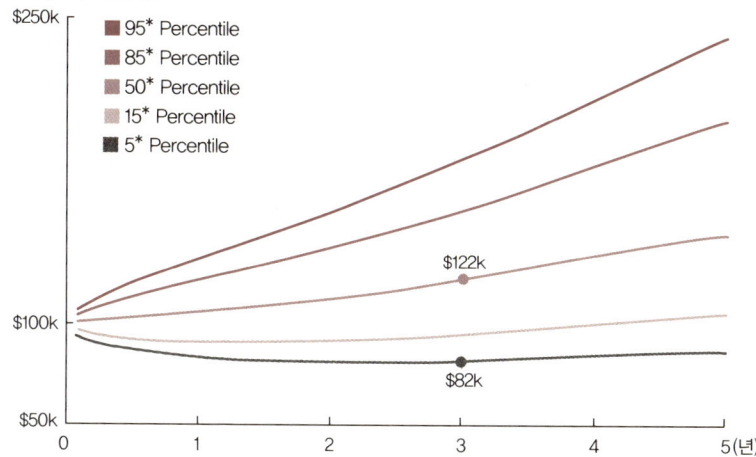

(1 Kilo(k) = 1,000달러)

$100k 투자 시 하위 5%는 $82k의 기대수익, 상위 5%는 $180k의 기대수익, 평균은 $122k의 기대수익을 예상 (출처 : Betterment)

투자기간 10년의 예상 결과

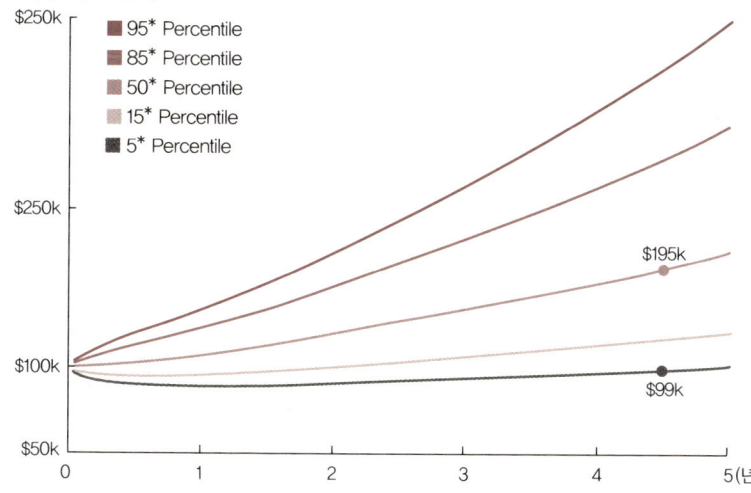

(1 Kilo(k) = 1,000달러)

$100k 투자 시 하위 5%는 $99k의 기대수익, 평균은 $195k의 기대수익을 예상 (출처 : Betterment)

베터먼트의 핵심 경쟁력은 일반적으로 기대하는 종목 또는 투자안 발굴이 아니라, 고객 목표에 맞도록 최적의 자산을 배분하는 자산관리 서비스에서 찾을 수 있다. 투자대상이 주식 ETF와 채권 ETF에 불과해 수익률보다는 자산배분에 방점이 찍혀있음을 알 수 있다.

특히 베터먼트가 ETF로 투자대상을 국한시키는 이유는 다음과 같다. 우선 벤치마크 인덱스를 효과적으로 추종해 운용성과의 예측력을 높이고, 의사결정에서 발생할 수 있는 특이한(specific) 리스크를 최소화할 수 있다. ETF는 지수추구형으로서 초과수익률을 기대하지 않으며, 단지 낮은 비용과 풍부한 유동성으로 분산투자와 자유로운 매매가 가능하다. 이로써 베터먼트는 ETF의 낮은 비용으로 고객의 투자기간과 위험성향에 따라 자산을 배분해 주는 자산관리 서비스로 이해해야 한다. 또한 베터먼트는 최대한 분산된, 저비용의, 유동성 풍부한, 지수추구형의 ETF로 포트폴리오를 구성한다. 투자자산은 고객에게 최적화된 12개의 자산 class로 배분되며 포트폴리오 현황은 로그인 후 확인 가능하다.

베터먼트는 PC 및 모바일 앱을 통해 자유로운 가입과 투자정보 확인을 지원한다. 특히 단순한 비주얼로 이해하기 쉬운 화면 구성을 제공하며, PC 또는 모바일을 통해 계좌개설, 포트폴리오 구성 내용, 리밸런싱, 거래내역 등 중요한 정보를 편리하고 이해하기 쉽게 확인할 수 있다.

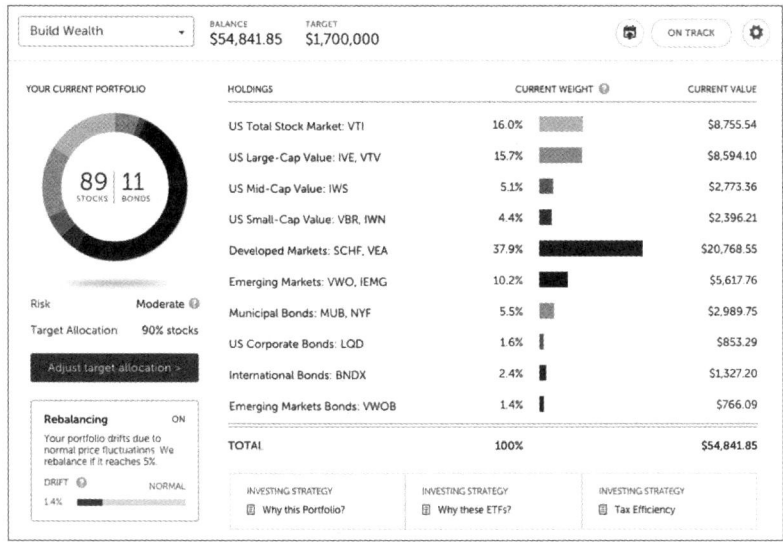

베터먼트의 투자정보 제공 화면

현재 AUM은 약 50억 달러(2016년 상반기 기준), 보유 고객은 15만 명 정도이다. 투자액 1만 달러까지는 연간 0.35%, 1만 달러부터 10만 달러까지는 0.25%, 10달러부터는 0.15%의 수수료를 수취하고 있다.

베터먼트는 고객이 스스로 판단하는 위험회피도 또는 투자목표가 아니라 질문을 통해 투자목표를 달성하기 위한 객관적인 제약요건을 측정한다. 그리고 이를 근거로 투자자에 맞는 최적의 자산을 배분한다.

베터먼트가 가장 중시하는 요소는 투자기간으로, 언제까지 자금이 필요한 기간이 남았는지에 따라 감내할 리스크의 성도를 구분한다. 당연히 투자기간이 길수록 감내 가능한 리스크의 강도도 커진다. 두 번째 고려할 요소는 투자자금을 일시에 회수할 것인지, 아니면 조금씩 인출해서 소득으로 활용할지 여부이다. 이 두 가지 요소에 대해 고객이 정확한 판단을 내리지 못한다면 일반적인 연령 기준으로 이를 대신한다.

베터먼트의 위험배분 원칙은 일반적인 자산관리 모델과 달리 투자기간과 하방위험에 보다 중점을 둔 가운데, 베터먼트가 제안한 모델에서 일정 범위까지 고객이 변화를 줄 수 있도록 허용한다. 또 최적의 자산배분으로 포트폴리오를 구성해도 시간이 흐르면 각각의 ETF들의 가치가 변하면서 비중을 재조정할 필요가 생긴다.

한편 현금흐름의 유입 또는 유출로 인한 포트폴리오 재구성도 요구된다. 투자원금 유입, 배당수익 등 현금유입으로 일시적으로 비중이 낮은 자산군의 비중을 확대시킨다. 기존 자산의 매도를 최소화하는 것은 차익에 대한 세금 절감에 효과적이다. 또한 투자자의 투자목적이 변했을 경우, 3%의 포트폴리오 변화가 발생한 경우(Sell/Buy rebalancing) 등 변화가 있거나 또는 수시로 포트폴리오를 체크하면서 자동적으로 리밸런싱을 수행한다.

베터먼트는 최소투자금액 제한이 없는 것이 강점이다. 실제 사용자들 사이에서 가장 다루기 쉬운 인터페이스(interface)라는 평가와 함께 직관적인 디자인으로 금융계의 애플(Apple)로도 불린다. CEO는 투자은행 출신의 금융컨설턴트이며 주요 경영진은 재무설계 전문가, 금융공학 및 경제학 교수, 세무전문 변호사 등으로 구성된다.

── **인 사 이 드** 스 토 리 ──

베터먼트의 자산배분 원칙

- 고객의 투자기간(horizon), 재무상태(balance), 투자목표(goal)에 맞는 포트폴리오
  를 제안
- 연금상품(target date fund)이나 자산배분 프로그램과 달리, 각자 투자목표에 따라
  개인별 맞춤형 조언
- 예측 결과에 대한 계량적 평가를 통해 포트폴리오 및 투자와 회수의 지속적인 최
  적화 과정 제공

웰스프론트(Wealthfront)와 베터먼트(Betterment) 비교

항목	내용	웰스프론트	베터먼트
개요	설립연도	2008년	2008년
	서비스 개시	2011년 12월	2010년 5월
	종업원수	65명	85명
	본사	캘리포니아 레드우드	뉴욕
성장성	고객 수	9만 명	15만 명
	관리자산 규모	26억 달러	50억 달러
	누적 펀딩 규모	1.3억 달러(2014.10 기준) (Index Ventures 등)	1억 달러(2015.02 기준) (Citi Ventures 등)
마케팅	프로모션	첫 거래 시 1.5만 달러까지 수수료 무료	첫 거래 시 6개월동안 수수료 무료
	최소투자금액	5백만 달러	없음
	연간 수수료	1만 달러 이하 : 없음 1만 달러 이상 : 0.25%	1만 달러 이하 : 0.35% 1만 달러 이상 : 0.25%
제공 서비스	자동 리밸런싱	○	○
	자본손실수확	○	○
	개인은퇴계좌(IRA)	○	○
	개별주식	○	×
	신탁	○	○

(출처 : 각 사 취합, 2016년 상반기 기준, 미국증권거래위원회(SEC), 외신)

미국 로보 어드바이저 업계, 신규 사업 확대

Robo Finance

미국의 로보 어드바이저 업체들이 편의성, 접근성을 무기로 빠른 성장세를 보이고 있는 가운데 새로운 상품 및 서비스를 출시해 대형금융회사들과 맞서고 있다. 이들은 2012년 이후 빠른 성장세를 보이며 최근 운용자산(AUM)이 약 1천억 달러 규모에 이르는 시장으로 성장했다. 미국 자산관리 시장 AUM이 약 30조 달러인데 비하면 아직은 높은 비중이 아니지만, 딜로이트 컨설팅은 2025년 로보 어드바이저 AUM이 약 5조~7조 달러까지 성장할 것으로 전망하고 있다.

웰스프론트는 저비용의 강점을 내세워 업계 최초로 529 college-savings(학자금저축플랜) 계좌운용에 참여해 빠른 증가세를 보이는 미국 학자금 시장에 진입할 계획을 발표했다. 529 college-savings는 대학 학자금을 위한 저축프로그램으로 투자수익에 대해 일부 세금공

제 및 감면 혜택을 제공한다. 이 영역은 지금껏 전통적으로 오프라인 운용사들의 몫이었다. 계좌잔액은 2011년 약 1,330억 달러에서 2015년 말 약 2,270억 달러로 빠르게 성장했다.

학자금 포트폴리오는 뱅가드와 블랙록의 저비용 ETFs 중심으로 구성했고 총보수는 약 0.43%~0.46%로 기존 529 plan의 평균 보수 0.74% 대비 저렴한 수준이다. 포트폴리오는 자녀의 대학 진학 연령에 가까워질수록 주식에서 채권으로 배분을 늘리는 방향으로 약 20개 정도 제공할 계획이다.

미국의 벤처기업 '에이콘스'도 로보 어드바이저 기술을 활용해 소매점들과 손잡고 '파운드머니'(Found money) 프로그램을 선보였다. 상점에서 신용카드나 직불카드로 물건을 구입한 후에 발생하는 1달러 미만의 잔돈을 ETF로 구성된 포트폴리오에 자동적으로 투자할 수 있는 서비스다.

한편, 베터먼트는 기존 어드바이저들을 목표층으로 B2B 시장에 진출하는 등 시장 및 상품 범위를 확대했다. 미국의 401K* 시장은 약 6.8조 달러의 매우 큰 규모를 자랑한다. 또 2014년 어드바이저들을 목표로 자사의 플랫폼을 통해 고객 자산을 관리할 수 있도록 하는 Betterment Institutional 서비스를 출시해 어드바이저들의 고객 관리

---

* '401K'는 미국의 확정기여형 기업연금제도로, 미국 근로자 퇴직소득보장법 401조 K항에 규정돼 있어 붙여진 이름이다.

자산을 흡수했다. 피델리티(Fidelity)가 첫 번째 파트너였고 이후 소규모 독립투자자문업(IFA) 등 자문업자들과 파트너십을 체결했다.

국내에서도 제도 변화에 따라 향후 로보 어드바이저가 다수 등장할 것으로 예상되며, 고령화 · 저금리 기조 하에서 금융상품 구조가 복잡해짐에 따라 맞춤형 자산관리 수요가 증가하는 가운데, 기존 금융회사들은 빠르게 변화하는 시장을 지속적으로 모니터링할 필요가 있다.

| 03 |

한국에 불어닥친
로보 어드바이저 열풍

01 금융당국,
로보 어드바이저의 빗장을 풀다

Robo Finance

한국은 2017년부터 금융당국의 인증을 받은 로보 어드바이저로부터 자문·일임 투자 서비스를 받을 수 있게 된다.

로보 어드바이저에 대한 금융당국의 시각은 매우 전향적으로 바뀌었다. 향후 정책적 지원을 집중시키고 시장을 키워나가려는 강한 의도를 보이고 있다. 노령화 등으로 인한 연금, ISA 등 장기 복합투자 상품이 활성화됐고, 사회 초년생 등 소액 자산가들도 전문적이며 객관적 자문에 대한 필요성이 커지면서 자문 서비스 문턱을 낮춘 로보 어드바이저 역할이 더 커질 것으로 예상된다.

금융위는 2016년 8월 '로보 어드바이저 테스트베드(성능·효과 시험) 설명회'에서 "6개월간 테스트베드에 참여하는 업체의 로보 어드바이저에 대한 안정성과 보안성 테스트를 거쳐 내년 상반기 중 로보 어드바이저가 직접 자문과 일임투자 서비스를 제공토록 할 계획"이라고 밝혔다.

지난 9월 5일부터 23일까지 로보 어드바이저 테스트베드 참여 신청 접수 결과 △증권사 6곳 △은행 5곳 △전업자문사 6곳 △자문·일임 미등록사(로보 어드바이저 업체) 17곳이 참여한 상황이다. 이 중 증권·은행 등과의 컨소시엄은 11곳으로 총 34개 사에서 42개의 알고리즘을 접수했다.

국내 금융사들은 이미 제한적인 기능을 갖춘 로보 어드바이저를 시장에 선보였다. 쿼터백자산운용 등 일부 업체가 로보 어드바이저를 이용한 자산관리 상품을 출시해 운용 중이다. 하지만 현행법에 따르면 자문·운용 인력이 사람인 경우에만 자문·일임 업무를 진행할 수 있어 이들 업체에서도 투자 업무는 인간 자산관리사에 의해 이뤄지고 있다. 앞으로 인간이 아닌 로보 어드바이저가 금융위 테스트를 통과해 자문과 일임 서비스를 직접 수행하면 전문가가 하는 것보다 저렴한 수수료로 고객자산을 관리할 전망이다.

이 테스트에는 자문·일임업자와 순수 기술업체, 금융회사 컨소시엄이 참가할 수 있다. 포트폴리오에는 펀드(ETF 포함), 파생결합증권(ELS, DLS 등), 주식은 물론 예금, 환매조건부채권(RP) 등을 담을 수 있지만 채권과 선물 옵션 등 파생상품은 담을 수 없다.

금융위에 따르면 3단계에 걸쳐 심사를 동해 비석격 대상자를 걸러낸다는 방침이다. 1단계 사전 심사에서는 자동화 요건 등이 갖춰졌는지와 안정추구, 위험중립, 적극투자형 등 세 가지 유형의 포트폴리오가 제대로 구성됐는지 살펴본다. 2단계 본심사에서는 포트폴리오별로 3계좌씩 실제 자금을 투자해 6개월간 프로그램 안정성을 심사한다. 3단계인 민간심의위원회 최종 심의를 통과하면 바로 관련 서비스를 고객에게 제공할 수 있으며, 테스트 통과 업체는 해당 사실을

자본시장법 시행령과 금융투자업 규정 개정안 주요내용

구분	내용
RA 허용 업무	투자자 보호 요건을 갖춘 로보 어드바이저(RA)에 한해 투자자문 및 일임 재산 운용을 허용
주자자 보호 요건	① 로보 어드바이저가 직접 투자자 성향 분석 실시 ② 투자 조언의 내용이 하나의 종목 또는 자산에 집중되지 않을 것 ③ 분기별 1회 이상 투자자 재산 분석 후 리밸런싱할 것 ④ 해킹, 재해에 대한 예방 및 재발방지, 복구체계 갖출 것 ⑤ 로보 어드바이저의 운영·보수를 책임질 전문 인력 1인을 갖출 것 ⑥ 로보 어드바이저 테스트 베드를 거칠 것
시행시기	2016년 11월부터

향후 로보 어드바이저의 역할 변화

	고객(자문형)	금융회사(일임형)
RA를 Back Office에서 활용	(1단계) 자문인력이 RA의 자산배분 결과를 활용하여 고객에게 자문	(2단계) 운용인력이 프로그램의 자산배분 결과를 활용하여 고객자산을 직접 운용(일임 : 사람)
	검증 통해 하반기 허용	
RA를 Front Office에서 활용	(3단계) RA가 사람의 개입 없이 자산배분 결과를 고객에게 자문 (자문과 운용 모두 RA)	(4단계) RA가 사람의 개입 없이 고객자산을 직접 운용(일임 : RA)

(출처 : 금융위원회)

투자광고 등에 활용할 수 있다.

로보 어드바이저의 일일 포트폴리오 운용 정보도 웹사이트에 공개된다. 단순 수익률뿐만 아니라 위험조정 수익률과 변동성 등 다양한 지표를 업체별로 비교해볼 수 있게 된다.

한발 앞서 로보 어드바이저
필요성 인정한 영국 금융당국

영국은 핀테크 선도국으로 불린다. 한국 정부도 핀테크 활성화를 위해 실제 영국 금융당국의 핀테크 제도를 참고했다고 한다. 영국 정부는 최근 자문업 개선안을 내놨는데 핀테크 선집국답게 로보 어드바이저의 대중화 필요성을 언급한 점이 눈길을 끈다.

2016년 3월 영국재무부(HM Treasury)와 금융감독기관인 FCA(Financail Conduct Authority)는 금융자문시장검토(Financial Advice Market Reciew : FAMR) 보고서를 통해서 재무자문 서비스의 공백에 대해 언급했다. 여기에서는 보다 많은 개인 투자자들이 부담가능(affordable)하고 접근가능(accessible)한 금융자문 및 안내를 받을 수 있도록 권고했다. 금융상품 서비스가 복잡해짐에 따라 차츰 금융기관으로부터 금융자문을 받지 못하는 자문격차가 생겨나고 있는데 그

보완책으로 로보 어드바이저가 대안이 될 수 있다는 얘기다.

자문격차(advice gap)란 재무자문 서비스를 원하지만 비용을 감당할 수 없어 소외된 투자자들이 생긴 형상을 말한다. 2012년부터 시행된 소매판매채널 개선방안(RDR)으로 재무자문에 대한 규제가 강화된 이후 재무자문비용과 접근성이 높아지게 되어 이러한 격차가 더욱 심화되었다.

FCA에 따르면 소매투자상품의 3분의 2는 투자 상담없이 판매되고 있으며, 1만 파운드(한화 약 1,650만 원) 이하의 금액을 투자하는 많은 사람들은 연금과 투자상품 및 은퇴 후 수입을 위한 상품을 투자할 때 따로 자문을 받지 않는다고 전했다.

연금정책연구원(Pensions Policy Institute)에 따르면 경제 및 시장위험에 대한 지식이 필요한 연금선택을 위한 결정이 개인투자자에게 있어 가장 어려운 결정 중의 하나임에도 불구하고, 30% 이하의 개인투자자만이 투자의사 결정 시 자문을 받고 있다고 설명했다.

이러한 자문공백을 야기하는 가장 큰 이유는 높은 비용 때문이다. 응답자의 6%만이 자문수수료로 500파운드(단순 투자자문에 대한 일반적 비용) 이상을 지불할 용의가 있다고 응답한 점을 미루어보면, 금융소비자들이 금융자문 수수료에 대한 부담을 크게 느끼고 있음을 짐작할 수 있다. 자문사들 또한 자산에 제약이 있는 투자자들에게 자문하는 것을 원치 않는다고 응답했으며, 2015년 한 해 동안 이들 중

69%가 잠재적 고객들을 돌려보냈다고 응답했다.

현재 영국은 독립재무자문사에게 고객과의 대면면담을 최소 3시간 이상 할애하라고 요구하고 있다. 이를 통해 고객의 재무상황을 충분히 이해하고, 개개인에 맞춤화된 재무계획을 세워주도록 규정하고 있다.

금융상품 판매와 연동해 받던 자문업자의 수수료 수취를 금지해 이로 인한 불완전판매를 근절하고자 시행했던 RDR(Retail Distribution Review)은 거액투자자들에게는 긍정적 변화를 가져왔지만 대부분의 중소서민들에겐 부담으로 작용했다. 실제 RDR이 시행된 이후 로이즈뱅크그룹과 HSBC 등 일부 은행들은 자산이 일정 규모 이상인 고객만을 대상으로 자문 서비스를 제공했다. HSBC는 연소득 10만 파운드 또는 예금 5만 파운드 이하 고객에 대한 금융자문 서비스를 중단했다.

한편 영국정부는 이를 위해서 재무자문에 대한 정의를 보다 명확히 하고 가이드(guidance)와 기존 자문(advice)에 대한 구별이 분명해져야 할 필요성이 있어 이에 대한 추가 조사가 필요하다고 밝혔다. 예를 들어 가이드의 경우 특정 상품이나 서비스에 대한 조언 없이 안내만 하는 경우 또는 투자자 스스로의 의사결정을 돕는 정도를 의미하고, 자문의 경우 맞춤화된 자문 또는 재무설계, 특정 상품의 추천 등을 의미한다.

해당 보고서 발표 이후 영국의 FCA는 2016~2017년 사업계획을 발표하고 앞으로 1년간 중점사안 중 하나로 자문항목을 언급했다.

FCA는 소매투자자들이 자문이 필요한 경우에도 비용을 걱정해 비자문판매상품을 선택하고 있다는 점과 자문사들은 상품이 고객에 적합한지보다는 제한된 상품이나 직원에게 보상이 있는 투자상품을 선택할 가능성이 있다는 점 등을 현재 위협요인으로 진단했다. 이를 위해 저비용의 접근 가능한 자문옵션을 제공하고, 고객의 필요에 맞는 적합하고 적절한 자문을 보다 혁신적이고 접근 가능한 방법으로 전달해야 한다.

정부의 이러한 정책방향으로 전통적인 자산관리 업체들의 고민이 깊어지는 반면 이 변화의 수혜자로 로보 어드바이저 업체는 부상하게 됐다. 미국 회계기업인 코프먼 로신 그룹(Kaufman Rossin Group)은 "금액이 적은 계정에 대한 금융자문 서비스를 중단하는 업체들이 증가하면 로보 어드바이저 업체들이 이 고객층을 흡수하게 될 것"으로 내다봤다. 파이낸셜타임스는 낮은 수수료를 앞세운 로보 어드바이저 업체들이 특히 젊은 고객층 기반을 넓힐 수 있을 것으로 전망했다. 로보 어드바이저 업계는 기존 금융사와 달리 수수료가 저렴하며 훨씬 투명해 불완전판매 가능성이 적다는 점을 내세운다.

영국의 선구적인 로보 어드바이저 업체로는 '넛멕'(Nutmeg)이 꼽힌다. 증권 중개인이었던 닉 헝거포드(Nick Hungerford) CEO는 투자

업계가 투명하지 않다는 것에 실망감을 느껴 증권 중개인을 그만두고 넛멕을 세웠다.

넛멕은 자산관리 서비스와 조언 등을 온라인으로 자동화해 제공하며 수수료는 시중 자산운용사보다 0.29%~0.94%P 저렴하다. 올해 초에는 최소 투자 금액을 1,000파운드(약 160만 원)에서 500파운드(약 80만 원)로 낮췄다. 자산이 많지 않은 사람들도 양질의 투자자문을 받을 수 있도록 하기 위해서다.

국내 로보 어드바이저, 어디까지 왔나

Robo Finance

국내 금융회사들은 자산관리 사업 강화를 위해 자동화된 자산관리 시스템인 로보 어드바이저 도입을 추진하고 있다. 2008년 금융위기 이후 미국에서 고객 편의성과 저렴한 비용이라는 장점에 힘입어 로보 어드바이저가 활성화된 점을 감안할 때, 국내에서도 저렴한 비용으로 자산관리를 받으려는 소비자 수요가 커지면서 로보 어드바이저의 도입이 자산관리 서비스 대중화에 기여할 것으로 기대된다.

최근 자산관리 사업 역량 강화와 고객의 자산관리 서비스 니즈에 부합하기 위해 2016년 들어 국내 주요 은행과 증권회사들이 자체적으로 시스템을 개발하거나, 전문 온라인 자문사와 제휴하는 방식으로 로보 어드바이저 서비스를 도입 중이다. 증권사 리서치 및 운용, 트레이딩시스넴 구축 등 증권 및 IT 경력자가 주축이 된 로보 어드바이저 관련 스타트업 기업이 많다. 저성장과 저금리 지속으로 금융회사의 수익성이 악화됨에 따라 비교적 안정적인 수수료수익원에 해당하는 자산관리 사업의 중요성이 부각됐다. 고객 측면에서도 금융상품이 다양해지는 가운데 고령화로 노후소득에 대한 관심이 높아지면서 자산관리 서비스에 대한 수요가 증가하는 추세다.

로보 어드바이저의 특징인 편리성과 낮은 수수료를 유지하면서도 안정적인 수익모델로 자리잡아야 할 숙제가 남았는데, 이를 위해서는 규모의 경제를 달성하는 것이 중요할 것으로 보인다. 이 때문에, 향후 전문 로보 어드바이저 업체의 독자적인 사업모델보다는 금융회사와 전문업체 간 제휴 또는 금융회사가 주도하는 사업모델이 주를 이룰 것으로 보인다.

전문 로보 어드바이저 업체 입장에서도 초기 벤처기업이기 때문에 고객기반 확보에 따른 규모의 경제 달성과 비용효율성 제고가 쉽지 않다. 전문 로보 어드바이저 업체의 경우 낮은 이익구조 때문에 상당 규모의 관리자산을 확보해야 손익분기점을 달성할 수 있고, 시스템 구축에 상당 비용이 소요되기 때문에 장기적으로 체계적인 접근이 필요하다. 미국의 경우를 보면 로보 어드바이저가 손익분기점에 도달하기 위해서는 160억 달러의 관리자산이 필요하나, 현재 선도 업체도 1/5 수준에 불과하다. 예를 들어 베터먼트(Betterment)는 회사운용에 연간 3,000만 달러 이상 비용이 발생하나, 수수료 수익은 800만 달러에 불과하다.

로보 어드바이저는 시장 특성상 규모의 경제가 중요하기 때문에 전문 자문사보다는 기존 금융회사에서 주도권을 쥐게 될 가능성이 높다. 국내에서 향후 애플, 구글뿐 아니라 네이버, 카카오 등 IT기업들이 은행 등과 제휴를 통해 로보 어드바이저 시장에 진출할 가능성도 있다.

국내 로보 어드바이저의 정착을 위해서는 시장규모를 정확히 예측하고 시스템 개발 및 운영비용을 고려해 적정한 수수료 정책 수립이 무엇보다 중요하다. 또 시장 초기에는 다수 플레이어들이 진입하면서 마케팅 과열양상이 나타날 수 있다. 수익률이 기대치보다 낮을 경우 거품이 꺼지면서 알고리즘 검증 등 논란이 발생할 수 있어 이에 대한 대비책도 필요하다.

빅데이터 활용 여부, 국내 법규의 제약(투자자문 및 일임은 전문 자문 인력 의한 서면계약이 원칙), 보안시스템 강화, 기관투자자들이 투자자 이익을 보호해야 하는 선관주의의무 등은 국내 로보 어드바이저 활성화를 위한 선결과제다.

04 은행의 로보 어드바이저 활용 현황

Robo Finance

은행은 고액자산가를 대상으로 운영하는 PB서비스 외에 일반 고객에게 적합한 자문 서비스 제공 목적으로 로보 어드바이저를 개발하고 있다. 은행과 증권사들은 자문사 등 로보 어드바이저 개발사와의 제휴를 통해 신탁, 자문형랩, 일임형 개인종합자산관리계좌(ISA) 등의 상품을 출시하고 있다. 특히 ISA의 경우 신탁형과 일임형으로 나뉜다.

신탁형 ISA는 가입자가 직접 상품을 선택해 운용하는 방식이다. 반면 일임형 ISA는 금융회사가 제시하는 포트폴리오로 운용된다.

은행 일임형 ISA 상품의 경우, 보수적인 고객 성향에 맞춰 안정형 또는 안정추구형에 보다 비중을 둔다. 은행의 자사 예적금 ISA 편입 금지 규정으로 예적금은 안정형 자산에서 제외한다. 주가연계증권

(ELS) 역시 편입 상품에서 제외하는 분위기다. 증권사들의 안정형 자산으로 환매조건부채권(RP)을 편입한 반면, 은행들은 머니마켓펀드(MMF)를 편입했다. 국내외 주식, 채권펀드, 원유, 금, 광물, 농산물, 리츠(REiTs)와 같은 대안자산에도 투자한다.

개별은행들의 서비스를 비교해보자.

신한은행은 로보 어드바이저를 통해 자산관리 포트폴리오를 세공하는 모바일 서비스인 '엠폴리오'를 2016년 11월 출시했다. 스마트폰으로 앱을 내려받아 소득상황과 투자성향에 대한 질문에 답하고 월 적립금액을 입력하면 로보 어드바이저와 신한은행 전문가가 추천하는 자산관리 포트폴리오를 즉시 받아보고 여기에 나온 상품에 바로 가입할 수 있다.

신한은행 '엠폴리오'를 실행한 모습

은행이 제공하는 자산 배분 포트폴리오 투자기법 설계 서비스는 그동안 PB고객 등 고액자산가만 이용 가능했지만, 엠폴리오는 최소 월 10만 원씩만 적립하면 활용할 수 있다. 가입한 펀드의 자산현황과 성과를 수시로 안내해주고 정기적인 리밸런싱도 제안하는 등 지속적인 사후관리 정보도 제공한다.

엠폴리오 개발을 위해 신한은행은 연초부터 금융그룹 차원 테스크포스를 구성해 국내 로보 어드바이저 업체들의 기술과 성과를 자체 검증했다. 로보 어드바이저업체 디셈버앤컴퍼니의 아이작(ISAAC) 펀드 자산배분 알고리즘을 적용했다.

KB국민은행은 지난 1월 로보 어드바이저업체 쿼터백투자자문과 함께 자문형 신탁상품인 '쿼터백 R-1'을 출시했다. 920조 개 이상의 빅데이터를 분석해 상장지수펀드(ETF)와 상장지수채권(ETN) 등에 투자한다.

KEB하나은행은 로보 어드바이저 서비스 '사이버(Cyber) PB' 서비스를 개시했다. 사이버 PB는 설문지 분석, 투자목적 분석, 시뮬레이션, 모델 포트폴리오 제안, 포트폴리오 제안 등 5단계에 걸쳐 투자자문 서비스를 진행한다.

우리은행도 최근 로보 어드바이저 베타 서비스를 시작했다. 개인종합자산관리계좌(ISA) 전용상품과 퇴직연금 상품, 은퇴설계 서비스 등을 포함한 온라인 투자자문 서비스를 시범운영한 후 정식 버전을 출시할 계획이다.

현재 국내 은행권에서는 로보 어드바이저가 미칠 영향을 제한적으로 보고 있다. 은행을 이용하는 고객은 ETF 위주의 자산배분에 상대적으로 관심이 적다는 판단 때문이다. 그러나 인터넷전문은행 등 IT 기반의 점포 없는 은행이 본격화되면 은행의 역할이 기존 예·적금, 대출 등에서 벗어나 종합 자산관리로 확대될 것이다. 은행 로보 어드 바이저 서비스 수요도 그만큼 빠르게 증가할 수 있어 선제적인 대비 가 필요하다. 또 일부 은행의 경우 로보 어드바이저 도입 시 기존 자 산관리 부서와의 이행상충 및 업무 중복을 우려하기도 한다.

이러한 우려를 해소하기 위해선 기존의 대면상담 중심 자산관리 (WM) 서비스는 고액자산가를 대상으로 하고, 로보 어드바이저를 활 용한 온라인 자산관리 서비스는 부유층 이하 고객에게 제공하는 멀 티채널 전략이 필요하다. 또한 은행에서 로보 어드바이저 도입으로 자문관리사 경쟁력 강화에도 긍정적 영향을 미칠 수 있다.

국내 은행권에서 로보 어드바이저 활용은 아직 시장 형성 단계로 철저한 사전조사와 준비가 필요하다. 특히 알고리즘 개발 등을 외부 업체에 전적으로 의존할 경우 운용리스크에 노출될 우려가 있으므 로, 은행이 주도적으로 알고리즘을 파악하고 설계에 참여하여 핵심 역량을 축적해야할 필요가 있다. 무엇보다 세무, 부동산, 중소기업 근 로자를 위한 자산관리 서비스 등 은행만의 차별화된 로보 어드바이 저 도입을 추구해야 한다.

증권사의 로보 어드바이저 활용 현황

05
Robo Finance

가장 적극적으로 로보 어드바이저를 활용하는 곳은 증권사와 자문사들이다. 이들은 로보 어드바이저와 관련한 다양한 금융상품을 개발하고 판매채널로 활용하고 있다. 특히 증권사들의 로보 어드바이저 전략은 두 갈래로 양분됐다. 관련 상품을 출시함에 있어 전문 자문사인 로보 어드바이저 업체와 협업을 꾀하는 방법, 타사와 차별화하기 위해 자체 개발 시스템을 구축하는 방법 2가지다.

유능한 로보 어드바이저 업체와 협업을 통해 시장 돌파를 택한 곳은 미래에셋대우이다. 로보 어드바이저 업체 8곳과 양해각서(MOU)를 체결하고, '로보 어드바이저 마켓'을 선보였다. 이 플랫폼은 쿼터백자산운용, 밸류시스템투자자문, 디셈버앤컴퍼니, 써미트투자자문 등 4곳 자문사가 보유한 7가지 로보 어드바이저 일임형 상품을 판매하고 있다.

한국투자증권, 신한금융투자, 현대증권, 동부증권 등도 자문사들과의 협업으로 비슷한 방식의 로보 어드바이저 상품들을 쏟아냈다.

한국투자증권은 랩 어카운트 상품운용 과정에 로보 어드바이저의 조언을 가미한 '한국투자 로보랩'을 출시했다. 쿼터백, 디멘젼, 밸류시스템 등 세 자문사가 독자적인 자산배분 알고리즘을 통해 위험자산 투자 비중에 차이를 둔 적극투자형, 중립투자형 2가지 유형을 고객에게 제공한다.

신한금융투자는 밸류시스템 로보 어드바이저 시스템인 '아이로보'의 포트폴리오를 기반으로 운용되는 '신한명품 밸류시스템 자문형 로보랩'을 내놓았다. 국내 주식과 채권형 ETF에 투자하고, 종목별 거래대금까지 감안해 리스크를 관리한다. 과거와 현재의 데이터를 조합해 분석하는 머신러닝을 이용해 최적의 매매 타이밍을 잡는다.

자체 개발한 서비스로 로보 어드바이저 시장에 도전장을 내민 증권사들도 많다. 우후죽순처럼 생겨나는 비슷한 서비스 속에서 동일한 로보 어드바이저 업체들과 똑같은 노하우를 공유해서는 경쟁력을 갖출 수 없다는 판단에서다.

NH투자증권은 'QV로보어카운트'를 출시했다. 고객의 성향과 목표에 따라 투자대상과 매매전략을 제시해준다. 이 서비스는 시스템 분할매수·매도 서비스인 '스마트 인베스터'를 기반으로 하고 있어

국내 금융회사의 로보 어드바이저 서비스 추진 현황

유형	회사	주요 내용
자문사	쿼터백자산운용	2016년 1월 KB국민은행과 투자자문 계약을 맺고 '쿼터백 R-1'(로보 어드바이저 자문형 신탁상품)을 은행권 최초로 출시
	써미트투자자문	2015년 10월 데이터개발사 DNA(데이터앤애널리틱스)와 로보 어드바이저 시스템 구축 업무 협약
	AIM	국내 핀테크 자산운용사로 2017년부터 정식 서비스 출시, 모바일 기기에서 포트폴리오 구성 가능
	디셈버앤컴퍼니	NH, 대우, 현대증권 등과 MOU 체결
증권사	NH투자증권	2011년부터 운용했던 온 스마트이베스터 특허 기술을 기반으로 EFT를 자동매매하는 'GV 로보 어카운트' 서비스 오픈
	삼성증권	국내 최초로 로보 어드바이저 핵심 기술인 '투자성과 정밀검증 알고리즘 시스템' 관련 특허 출원 완료
	신한금융투자	2016년 4월 밸류시스템 로보 어드바이저인 '아이로보'의 포트폴리오를 기반으로 운용되는 '신한명품 밸류시스템 자문형 로보랩' 출시
	한국투자증권	2016년 4월 랩 어카운트 상품 운용 과정에 로보 어드바이저의 판단이 반영된 '한국투자 로보랩' 출시
	현대증권	2016년 2월 로보 어드바이저에 기반한 일임형 랩인 'avle 로보랩' 출시
운용사	미래에셋자산운용	2015년 5월부터 국내 최초로 로보 어드바이저 서비스인 '글로벌 자산배분 솔루션'을 제공하고 있으며 포트폴리오가 잘 운영되는지 실시간으로 분석 및 평가하는 사후 관리 시스템도 함께 제공
	삼성자산운용	국내 상장지수 펀드(ETF) 시장의 주도권을 잡고 있으며 2016년 모멘텀 솔루션 등 퀀트분석에 기반한 ETF 자산배분 서비스 출시 예정
	KB자산운용	2015년 10월 로보 어드바이저 기반의 투자 솔루션 구축을 위해서 '멀티솔루션본부'를 신설했으며, 2016년 하반기 중 계열은행 증권사를 통해 로보 어드바이저 투자솔루션 제공 예정
은행권	우리은행	파운트와 제휴한 '로보어드일파' 출시, ISA에 접목 가능
	KB국민은행	은행권 최초 쿼터백투자자문과 MOU를 체결하여 '쿼터백 R-1' 출시
	KEB하나은행	2016년 2월 금융 상품 포트폴리오 서비스 'Cyber PB(Private Bank)' 출시, 국내 은행권 최초 자체 개발, Cyber PB를 ISA에 접목 예정
	신한은행	2016년 4월 로보 어드바이저 기반 펀드 추천 서비스 'S로보플러스' 출시

(출처 : HN투자증권리서치센터, KEB하나은행, 언론보도 참조 KISTI 재작성)

자산배분 상품은 아니다.

삼성증권의 경우 2016년 초에 국내 최초로 로보 어드바이저의 핵심 플랫폼인 '투자성과 검증 시스템'에 대한 특허를 출원한 바 있다. 삼성증권의 자체 개발 플랫폼은 주식, ETN, ETF, 선물 등 다양한 상품을 포트폴리오 형태로 구성하여 리밸런싱, 매매에 이르는 투자의 전 과정을 로봇이 모두 판단해주는 시스템이다. 삼성증권은 특허출원 중인 성과검증시스템을 이용하여 자산관리 플랫폼의 투자전략과 성과를 정밀하게 검증 및 고도화시킬 계획이다. 또 검증이 완료된 포트폴리오를 대상으로만 상품으로 출시해 투자 신뢰도도 높일 예정이다.

미래에셋증권은 최근 투자자 성향을 분석해 최적의 포트폴리오를 제안하는 '로보 어드바이저 글로벌자산배분' 서비스를 시작했다. 대신증권은 투자성향, 투자금액, 투자기간 등을 종합적으로 고려해 440가지 포트폴리오를 제공하는 '대신 웰스어드바이저'를 내놓았다. 웰스 어드바이저는 일반적인 로보 어드바이저보다 다양한 상품을 포트폴리오에 편입한 것이 특징이다. 현재는 국내, 해외, 이머징시장 등 7개 자산군의 펀드와 주가연계증권(ELS)으로 구성돼 있지만 채권, 환매조건부채권(RP) 등도 포함될 예정이다.

06 로보 어드바이저 스타트업 살펴보기

Robo Finance

국내에선 2016년을 기점으로 웰스프론트(Wealthfront), 베터먼트(Betterment) 등과 같은 로보 어드바이저 전문자문사들이 등장하기 시작했다. 이들은 자체 알고리즘을 기반으로 온라인에 특화해 자산관리의 전 과정을 독자적으로 진행하고 있다. 로보 어드바이저 업체와 금융권의 제휴가 이뤄지기 시작했고, 서서히 상품들도 등장하고 있다. 자문사 라이센스를 획득하고 로보 어드바이저 전문 자문사로 전환하는 스타트업들도 생겨나고 있다.

국내의 대표적인 로보 어드바이저 스타트업들로는 쿼터백자산운용, 에임(AIM), 데이터앤애널리틱스(DNA), 파운트(Fount), 디셈버앤컴퍼니, 두물머리, 드라코랩스 등이 있다. 이들 회사 종사자들은 과거 증권사 리서치 및 운용, 시중은행 자산관리, 트레이딩시스템 구축 등

증권 및 IT 소프트웨어 개발자 등 다양한 출신들로 포진됐다.

쿼터백자산운용의 경우 글로벌 ETF를 활용해 주식, 채권, 원자재, 부동산투자신탁(REITs : 리츠) 등 다양한 자산군에 분산 투자하는 글로벌 자산배분 전문 자산운용사다. 쿼터백자산운용은 6개 자산군, 77개 시장 및 국가에 분산 투자함으로써 최적의 자산배분 포트폴리오를 구성하고, 머신러닝 기법을 자산배분 모델에 적용하여 끊임없이 변화하는 시장에 최적화된 자산배분을 실시한다. 또한 정기적인 리밸런싱을 통해 상대적으로 위험이 높아지는 자산군에 대해서는 선제적으로 비중을 줄이고, 사후 위험관리 시스템을 통해 시장변동성에 대응하는 강도 높은 위험관리를 하는 것이 특징이다. 다양한 금융 빅데이터를 수집하고 분석하는 시스템을 통해 시장 상황별 최적의 투자대상을 선별해 체계적인 자산배분을 실시한다. 가령 매크로 지표와 주가 지수를 이용한 스프레드 전략, 역사적 가격 지표를 활용한 알고리즘 분석, 머신러닝을 활용하여 구성된 지표를 통한 장기 방향성 예측, 주요 경제지표와 모멘텀을 활용한 선진·신흥 시장 내 국가 투자전략, 시장 변동성을 활용한 투자전략, 알고리즘을 활용한 상관관계 변화 분석 등이다.

또 머신러닝을 통해 경기 국면 패턴 및 구간분석, 자산군별 상호영향, 변동성 및 기타 위험신호 등을 학습하는 것이 특징이다. 이러한 학습을 통해 시장의 상황을 다양한 국면으로 나눈 후, 현재 시장과 가장 유사한 국면을 선정해 특정 자산군의 하락 위험에 대비한다.

쿼터백 로보 어드바이저는 월1회 정기 리밸런싱을 진행하며, 분기 중 위험신호 발생 시 현금비중을 확대하는 등 수시 리밸런싱을 병행한다. 24시간 모니터링을 통해, 모델 오류 및 시장위기 상황에 사후적으로 대비하는 위험관리 시스템을 갖추고 있다.

데이터앤애널리틱스(DNA)는 펀드, ETF뿐만 아니라 개별 주식을 추천해주는 로보 어드바이저 솔루션을 들고 나왔다. DNA의 알고리즘은 수익과 리스크를 동시에 연산해 고객성향에 맞는 상품과 투자비율을 결정해준다. 국내와 중국, 미국 상장 주식의 빅데이터를 분석해 개인 맞춤형 주식 종목을 선별하는 기술력을 보유하고 있다.

디셈버앤컴퍼니는 자체 로보 어드바이저 엔진 아이작(ISSAC : Intelligent Strategic Asset Allocation Core)을 개발했다. 실시간으로 금융의 미래 상황을 예측하고 개별 계좌들을 각각 독립적으로 운용하도록 설계됐다.

다만 이처럼 로보 어드바이저 사업에 대한 기대가 부풀고 있지만 일부에선 우려의 시선도 나온다. 로보 어드바이저 업체들의 자산배분 모델이 명확하지 않기 때문이다. 글로벌 상장지수펀드, 원자재·부동산 등 투자 대상의 유형만 나열할 뿐 실제로 언제 어떤 방식으로 운용되는지 확인이 불가능한 곳이 많다. 자산배분 알고리즘이 공개되지 않기 때문에 기존 자산관리 서비스처럼 판매보수가 높은 상품

위주로 구성할 가능성이 있다는 게 전문가들의 지적이다.

또 증권사와 사전계약을 통해 잦은 매매를 일삼아 거래 수수료가 많이 빠져나갈 수도 있다. 결국 로보 어드바이저의 생명은 알고리즘을 통한 구체적인 투자전략 공개 등 투명성에 달려있다. 실제 외국 업체들은 알고리즘을 통한 구체적인 투자전략까지 공개하고 있다.

로보 어드바이저 – 전문가 인터뷰

이지혜 에임 대표

ⓠ 에임을 설립하게 된 배경이 궁금합니다.

ⓐ 저는 소위 월가 애널리스트 출신으로 불려요. 씨티그룹에서 퀀트 애널리스트로 2년 근무하면서 실제로 월가 전문가와 함께 알고리즘을 개발하기도 했어요. 보스턴 소재 퀀트 헤지펀드 아카디안에서 트레이더로 5년 근무하면서 느낀 게 많았어요. 소액투자자들도 기관투자자가 자산관리를 받는 것처럼 혜택을 받을 수 있지 않을까 생각하던 과정에서 미국의 로보 어드바이저를 맞닥뜨렸고 창업까지 이르게 됐습니다.

ⓠ 에임은 어떤 방식으로 자산관리를 하나요?

ⓐ 모바일 기기로 개인이 주식·채권·부동산·원자재 등 다양한 자산에 투자하도록 돕는 맞춤형 로보 어드바이저 서비스입니다. 에임은 개인에게 최적화된 맞춤형 자산관리 서비스를 제공하는데요. 컴퓨터 프로그램이 투자자의 위험 성향을 분석한 후 수익성이 가장 높은 2,500여 개의 상장지수펀드(ETF)에 분산 투자하는 방식입니다. 우리가 식당에서 햄버거 하나를 먹을 때에도 자신에게 맞는 맞춤형을 선택할 수 있는데 더욱 중요한 금융상품 펀드는 기껏해야 5개밖에 없어요. 개인 성향에 대한 질문을 통해 리스크 변동폭을 줄이는 방향으로 설계하고 있습니다.

ⓠ 다른 로보 어드바이저 업체와 비교해 에임 만의 강점은 뭔가요?

ⓐ 에임의 알고리즘은 경기 사이클을 예측해 선제적인 시각을 제시하며 시장보다 앞선 투자가 가능하게 설계됐어요. 직관적이고 일관성 있는 리스크 관리를 통해 변동성 관리가 가능하며, 실시간으로 급변하는 시장상황을 모니터링해 적시에 위기관리가 가능하다는 장점을 가지고 있습니다. '경기 사이클에 대한 시그널'이 에임 알고리즘의 차별화 포인트입니다. 에임의 알고리즘은 여러 경기 변수를 반영해 시장 상황을 사계절에 빗대 시그널을 띄워요. 예를 들어 겨울로 진입하는 시그널이 표시되면 안전자산을 선호하는 시장이 이어진다는 뜻이고, 이 때는 주식 비중을 줄이고 채권을 늘리는 식이죠. 2015년 7월에는 '초겨울'로 진입하는 시그널이 떴어요. '모두가 위험을 회피하고 안전자산을 선호하는 시장'이 1년 반에서 2년간 이어진다는 뜻입니다. 채권 위주의 안전자산을 70% 포함하도록 포트폴리오가 변경됐어요.

⬤ 자문수수료는 얼마인가요?

Ⓐ 로보 어드바이저 서비스 보수는 연 0.5%입니다. 판매수수료도 없고, 성과보수도 없어요. 최저 가입 금액은 500만 원입니다. 국내에서 출시됐던 펀드나 신탁, 랩어카운트 상품과 비교했을 때도 최대 4분의 1 수준으로 비용을 낮췄다는 매력이 있습니다.

⬤ 시범 테스트에서의 반응은 어땠나요?

Ⓐ 2015년 8월부터 홈페이지를 통해 고객을 모았어요. 투자 의사를 밝힌 고객은 2016년 11월 기준 총 4,175명입니다. 금액은 자그마치 1,730억 원이고요. 모두 기성 미디어와 SNS를 통해 에임을 접한 일반인들이에요. 이 중에서 지난해에는 20명을, 올해에는 10명의 투자자를 선정해 테스트베드 성격의 투자를 진행했어요. 남녀노소를 불문하고 다양한 니즈를 가진 투자자들이었습니다. 웹사이트에서 에임을 검색해 회사로 직접 전화를 한 60대 남성도 있고, 멋진 커리어를 가진 20대 전문직 여성도 있었습니다.

⬤ 정식 서비스를 하게 되면, 1년간 목표 운용액은 얼마인가요?

Ⓐ 1년간 목표 운용액 2,000억 원, 0.5% 자문수수료 가정 시 매출은 10억 원을 목표로 하고 있습니다.

⬤ 자산관리 시장에서 에임은 어떤 역할을 하고 싶나요?

Ⓐ 고액자산가와 기관투자자의 전유물이던 자산관리를 평범한 개인이 받게 할 수 없을까 하는 고민에서 시작했어요. 많은 분들이 월급 중 소액이라도 맞춤형 자산관리를 통해 금융 소득을 갖게 하는 게 꿈입니다.

로보 어드바이저 – 전문가 인터뷰

한명욱 BSMIT 대표

ⓠ BSMIT의 로보 어드바이저 '파봇'을 소개한다면?

Ⓐ 파봇(FABOT)은 애널리스트, 트레이더, 금융자문 세 가지 역할을 모두 수행하는 인공지능 로보 어드바이저로, 향후 5조 원 규모 자산을 운용하는 것이 목표입니다. 앞으로 포트폴리오 구성, 트레이딩, 리밸런싱 등의 과정은 사람 개입이 전혀 없이 모두 자동으로 이뤄지게 될 겁니다. 사람이 개입하는 순간 일정한 수익률 이상을 내기는 힘들어진다고 생각합니다. 사람 손이 필요하지 않은 완벽한 자동화 구축이 자산관리 시장의 미래가 될 겁니다.

ⓠ 파봇의 주고객층은 누구인가요?

Ⓐ 주식, 상장지수펀드(ETF)를 중심으로 한 로보 어드바이저 서비스를 일반 고객에게 제공하고 있습니다. 높은 수수료 때문에 기존의 펀드매니저나 자산운용가에게 자산을 맡기기 꺼렸던 직장인 초년생이나 은퇴 후 자산관리를 원하는 고객이 타깃입니다. 소액을 투자했던 고객이 안정적인 수익을 경험할 때 인공지능 기반 투자 신뢰도도 올라갈 것으로 기대하고 있습니다.

ⓠ 파봇의 수익률은 어떻게 되나요?

Ⓐ 2015년 1월 비공개 테스트를 시작으로 해 2016년 1월부터 정식 서비스를 제공하고 있으며, 국내 로보 어드바이저로서 가장 긴 트랙 레코드를 보유했습니다. 2016년 11월까지 사용자는 250여 명으로 자산운용 규모는 42억 원에 달하고, 지난해 기준 평균 수익률 10.3%를 기록했습니다.

ⓠ 파봇 서비스를 이용하는 방법은?

Ⓐ 사용자는 자신의 투자성향을 간단한 설문으로 결정하고 자신이 투자할 금액만 입력하면 투자와 관련된 나머지 모든 과정인 포트폴리오 설정부터 실전 매매까지 자동으로 이뤄집니다.
투자성향은 안정형, 안정추구형, 위험중립형, 적극투자형, 공격투자형 다섯 가지로 세분화해 고객 맞춤형 포트폴리오를 짜게 됩니다.

ⓠ 파봇의 강점은 무엇인가요?

ⓐ 다른 로보 어드바이저 업체가 시장추종형으로 일괄적(옴니버스식) 투자를 진행하는데 반해, 파봇은 시장대응시스템(MAS)에 기반을 두고 안정성을 높인 것이 특징입니다. 2016년 6월 브렉시트 시장변동성에도 잘 대응해 브렉시트 당일 평균 −0.3% 수익률 하락에 그쳤습니다. 저금리의 불안한 시장상황에 가장 최적화된 자산관리 대안이라는 점을 검증한 사례로 볼 수 있죠.

ⓠ 파봇의 목표는?

ⓐ 향후 딥러닝 기술을 파봇 트레이딩에 활용할 계획입니다. 딥러닝을 활용해 한국시장뿐만 아니라 해외 시장에 최적화된 제품개발도 단시간에 이뤄낼 예정입니다. 앞으로 미국을 시작으로 유럽, 홍콩, 일본 등 해외진출 및 외환(FX), 선물, 원자재 등의 다양한 시장의 로보 어드바이저 서비스를 준비할 예정입니다. 대한민국을 대표하는 세계적 자산관리 플랫폼으로 거듭나고 싶습니다.

로보 어드바이저 - 전문가 인터뷰

변창환 콰라 대표

Q 콰라 서비스의 특징은?

A 콰라(QARA)는 능력 있는 펀드매니저와 안정적인 투자 수익률을 원하는 투자자를 연결해 주는 플랫폼입니다. 기존 투자자들은 대부분 증권사나 자산운용사 등 기존 금융사가 권유하는 상품에 투자해요. 현재는 펀드매니저나 포트폴리오를 투자자가 직접 선택하기 어려운 구조입니다. 콰라를 이용하면 투자자가 직접 능력 있는 펀드매니저를 선택할 수 있고, 펀드매니저의 투자 성과와 약력을 상세히 제공해 선택 폭을 넓혔습니다. 직접 투자하기 어려운 투자자는 콰라가 자체 개발한 알고리즘을 활용할 수도 있어요. 국내 주식형 상품에 집중하는 자문사들과 차별화하기 위해 주식, 국내외 파생 상품, 구조화 채권 등 모든 영역을 다뤄 가장 경쟁력 있는 상품을 만들어 내는 것이 목표입니다.

Q 수수료는 얼마인가요?

A 콰라는 고객 투자성향 분석과 맞춤형 펀드추천 등 온라인 투자 서비스를 수수료 없이 제공합니다. 판매수수료, 환매수수료 등을 없애고 현재 고액 자산가들만 이용할 수 있는 투자자문 서비스를 대중들이 온라인에서 손쉽게 제공받을 수 있도록 하는 것이 궁극적인 목표입니다. 소비자들이 금융상품 가입 시 지불하는 연 2~3% 내외의 수수료를 절약할 수 있고 저금리 시대에 더 안정적인 수익률을 가져갈 수 있는 게 장점입니다.

Q 로보 어드바이저를 설립한 배경은?

A 저는 삼성자산운용 펀드매니저 출신으로 금융권 종사자였어요. 과학고와 KAIST를 거친 공학도지만 금융에 이끌려서 선택한 직업이었어요. 그런데 펀드매니저로 일하며 한계를 느꼈죠. 자산운용 분야에서 일하다보니 돈이 많은 사람 중심으로 소득이 점차 벌어지는 걸 지켜봤고 자산분배에 대한 고민을 혼자 많이 했어요. 20~30대 평범한 직장인도 자산 운용을 할 수 있도록 온라인 투자 플랫폼을 만들어보자고 결심한 겁니다.

ⓠ 2개의 특허를 출원했다는데 그 내용은?

ⓐ 콰라 서비스의 차별점은 '펀드 라이딩' 구조인데요. 카라가 출원한 2개의 특허는 '올라타
다'라는 의미의 라이딩(Riding) 특허입니다. 전문 매너저는 우선 소위 '자기 돈'으로 운용
을 하고 해당 전략의 성과를 플랫폼에 공유해야 합니다. 이후 개인 투자자는 해당 펀드매
니저의 수익률과 포트폴리오를 검토하고 '올라 탈' 전략을 선택하게 되는 구조입니다. 고
객들은 기존에 불가능했던 당일 환매 후 당일 다른 펀드 가입도 가능합니다.

ⓠ 앞으로 콰라의 목표는?

ⓐ 가까운 미래에는 펀드 자산운용 규모 800조 원 중 10%인 80조 원을 콰라에서 운용하도
록 하겠습니다. 개인 간(P2P) 대출시장이 미국 렌딩클럽을 통해 커진 것처럼 P2P 투자플
랫폼인 '콰라'를 통해 온라인 투자 서비스도 확장하는 게 목표입니다.

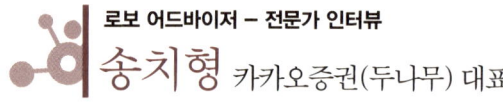

로보 어드바이저 – 전문가 인터뷰

송치형 카카오증권(두나무) 대표

ⓠ 카카오증권은 어떤 서비스를 제공하나요

ⓐ 카카오증권은 NH, 삼성, 현대, 대신 등 10개 증권사의 증권거래를 모바일로 대행하는 서비스입니다. 카카오증권 앱으로 정보를 주고받으며 손쉽게 주식거래를 한다 해서 '소셜 트레이딩' 서비스라고 하지요. 월간, 주간, 누적수익률 순위를 매겨 투자 고수들의 거래 내역을 공개하고 누가 언제 어떤 종목에 투자해 얼마의 수익을 거뒀는지 서로 공유하는 게 대표적인 예입니다.

ⓠ 자산관리 플랫폼 맵(MAP)을 출시했는데?

ⓐ MAP 서비스는 카카오증권 모바일 앱에 적용됩니다. 금융소비자는 스마트폰 MAP에서 간단한 클릭만으로 로보 어드바이저 전문가 및 투자자문사에 자산관리를 맡길 수 있으며, 인공지능 컴퓨터와 빅데이터를 활용해 개인 맞춤형 포트폴리오를 설계해 줍니다.

ⓠ 투자자가 MAP을 사용하는 방법을 간략하게 설명해주세요.

ⓐ MAP에 공개된 자문사별 수익률과 포트폴리오 등을 고려해 마음에 드는 곳을 선택하면 두나무가 이들의 투자전략을 그대로 복사해 가입자 계좌를 운용하는 방식입니다. 자문사 선택을 돕기 위해 위험을 선호하는 회사인지, 코스피와 코스닥의 거래비중은 얼마나 되는지, 수익률은 얼마인지와 같은 기초 정보를 앱을 통해 제공합니다.

ⓠ 최소 가입 금액은 얼마인가요?

ⓐ 최소 가입 금액은 500만 원으로 진입장벽을 낮췄습니다. 지금까지 고객은 투자 정보를 얻기 어려워 입소문이나 발품을 팔아 자문사를 선택했어요. 기존의 투자자문사를 보면 수익률이 공개가 안 돼 정보를 얻는 탐색비용이 많이 들고요. 최소 가입금액도 1억 원부터지만 보통 3억 원 이상으로 진입장벽이 높습니다. 모바일 개인자산관리 서비스는 종이 문서와 담당 직원 면담이 없고 모바일로 제휴 자문사의 성과, 수익률 등 특징을 자신이 비교할 수 있는 장점이 있죠. MAP 거래총액 목표는 2~3년 안에 3조 원이 되는 겁니다. 고액자산가뿐만 아니라 일반 직장인도 자산 관리를 손쉽게 했으면 좋겠다는 생각에서 출발했습니다.

Q 금융당국이 로보 어드바이저에 대한 비대면 일임을 허가하지 않았는데?

A 아쉬운 부분입니다. 서비스 활성화를 위한 금융당국의 규제 완화가 필요합니다. 현재 자산관리사가 고객 투자목적, 투자위험, 재산상황에 대해 대면으로 상담 후 상품을 추천해야 하는 '적합성의 원칙' 때문에 비대면 투자일임 계약은 제한됩니다. 필요 서류는 오프라인에서 만나거나 우편을 통해 전달해야 합니다. 금융위에서 비대면 계약을 허용해 주지 않으면 등기우편 등으로 당장 업체들이 서비스를 시작하겠지만 활성화에는 한계가 있을 겁니다.

로보 어드바이저 – 전문가 인터뷰

나영재 에프엠소프트 대표

Q 에프엠소프트는 어떤 회사인가요?

A 우리는 로보 어드바이저나 자문사가 보다 많은 금을 캘 수 있도록 훌륭한 곡괭이를 제공합니다. 로보 어드바이저나 자문사에 전략을 제외한 모든 IT 인프라를 제공하는 것이죠. 업계 최초로 다증권사 다계좌 주문 제어시스템인 다채널실행(Multi Channel Execution)을 개발해 자문사와 로보 어드바이저 회사에 제공하고 있습니다.

Q 로보 어드바이저에게 솔루션을 제공하는 회사를 만든 배경은?

A 자본 시장 규모가 커짐에 따라 국제화에 반드시 필요한 상품이라고 생각해 2015년 솔루션을 개발했습니다. 자문사는 최소 5개 이상 증권사와 거래하고 수많은 계좌를 운용해야 합니다. 이들이 현재 운용되는 자산 주문 및 체결 현황을 체크하고 전사적 실시간 손익을 파악할 수 있는 플랫폼이 필요할 것이라 예상해 사업을 시작했습니다. 또 유가증권 시장을 이해하면서 관리에 필요한 솔루션을 만드는 회사가 국내에 존재하지 않는다는 점에서 시장성을 확신했죠.

Q 로보 어드바이저들에게 어떤 솔루션을 제공하나요?

A 13개 증권사를 인터페이스 하나로 통합해 한 번에 주문이 가능한 'RoboGate', 전체 운용 자산을 실시간 모니터링하는 'AlphaRMS', 다계좌 포트폴리오 주문을 집행하는 'AlphaOMS' 등 3가지 솔루션을 제공합니다.

Q 다채널 다주문 솔루션을 이용하면 어떤 효과가 있나요?

A 솔루션은 주식, 선물옵션, 상품선물, 해외선물, 채권 등 모든 종류 자산을 지원합니다. 최적의 주문 계획 수립을 위해 회차별 주문 시각, 수량 자동수립, 시장 적응형 실시간 업데이트를 합니다. 또 주문 효율화를 통한 최대 이익 추구를 목표로, 시장 충격을 최소화하기 위해 스텔스 주문 형태로 집행합니다. 증권사와 1천 개 이상 계좌를 하나의 시스템으로 운용가능하고, 주문 지시만 내리면 빅데이터 분석을 통해 가장 적절한 시간과 조건을 찾아 집행하는 구조입니다.

브렉시트와 미국 대선을 이겨낸 로보 어드바이저

07
Robo Finance

브렉시트(Brexit : 영국의 유럽연합 탈퇴)가 결정된 2016년 6월. 그리고 힐러리 후보가 우세할 것이란 전망을 뒤집고 도널드 트럼프가 미국 대통령으로 당선된 11월. 대외적으로 큰 리스크가 생겼을 경우 국내 로보 어드바이저는 어떻게 대응했을까.

놀랍게도 빅데이터 분석에 기반을 둔 인공지능이 브렉시트에 이어 도널드 트럼프 미국 대통령 당선까지 예측하고, 투자에서는 '인간' 펀드매니저보다 높은 수익률을 거뒀다. 국내 주식형 펀드 수익률은 뒷걸음질 친 반면 인공지능을 활용한 자산운용 서비스 로보 어드바이저는 그야말로 선방했다는 평가를 받았다.

도널드 트럼프가 미국 대통령 당선인으로 확정된 2016년 11월 9일(한국시간 기준) 국내 코스피 지수는 2% 넘게, 코스닥은 4% 가깝게 급락했다. 하루 만에 전날 하락 분을 만회하긴 했지만 이후 외국인 매도 공세로 코스피 지수는 1,960선까지 밀려났다. 그 여파로 다음날 국내 주식형 펀드 수익률은 하루에만 2.17%나 뒷걸음질쳤다.

반면 인공지능 기반 로보 어드바이저는 달랐다. 2017년 서비스 시작을 목표로 하는 코스콤의 로보 어드바이저 테스트베드에 참여 중인 35개 알고리즘의 지난 9일 수익률 하락폭은 0.2~0.6%에 그쳤다. 플러스 수익률을 기록한 로보 어드바이저 업체도 있었다. 이러한 예측 불허의 '트럼패닉'(트럼프+패닉) 상황에서 로보 어드바이저의 운용 성과가 인간을 앞선 것이다.

코스콤 테스트베드 중 해외 안전추구형 알고리즘의 한 달 평균 수익률(11월 28일 기준)은 0.82%를 기록했고, 해외 위험중립형과 해외 적극투자형도 각각 0.65%, 0.52%를 나타냈다. 반면 국내 자산운용사에서 운용하는 해외주식형 펀드 수익률(11월 25일 기준)은 1.16% 떨어졌다.

국내 펀드 상황도 마찬가지다. 이 기간 국내주식형 펀드 수익률은 3.87% 하락한 반면, 알고리즘의 수익률은 유형에 따라 0.89~1.55% 떨어지는 데 그쳤다. 테스트베드에 참여한 알고리즘은 안정적 수익을 추구하는 안정추구형과 고위험·고수익을 좇는 적극투자형, 그리고 두 유형의 절충인 위험중립형 세 가지 유형으로 이뤄져 있다.

2016년 6월로 돌아가보면 브렉시트에 대한 예견도 쉽지 않았다. 하원의원 피살 사건 이후 잔류 쪽에 무게가 실렸으나, 막상 개표가 시작되자 결과는 더욱 예측하기 어려웠다. 전 세계 관심이 투표 결과에 쏠린 가운데 투자자들은 양분되어 베팅을 했고, 불확실성이 극대화되자 시장은 출렁였다.

탈퇴가 결정된 6월 24일, 설마 하던 결과가 공개되면서, 코스피가 3% 이상 하락했고 전 세계 주가가 폭락했다. 투자자들의 희비가 엇갈리는 순간이었다. 이때 국내 로보 어드바이저들의 대응은 침착했다. 브렉시트 당일 로보 어드바이저 업체인 디셈버앤컴퍼니와 쿼터백자산운용의 로보 어드바이저 상품은 각각 1.15%, 0.97%의 수익률을 올렸다. 브렉시트가 결정되기 전 유럽 주식 비중을 낮추는 식으로 위기를 피해간 것이다

쿼터백자산운용은 브렉시트가 결정되기 열흘 전, 파운드화와 독일 국채금리의 움직임에서 이상 신호를 감지하고 유럽 지역 자산을 50% 이상 낮춰 손실을 줄였다. 독일 10년물 금리가 마이너스 영역으로 하락한 것을 비롯해 미국 변동성 지수(VIX) 스팟 레벨 및 현·선물 흐름 변화, 선진국과 신흥국 신용부도스와프(CDS) 프리미엄 동향 등 추적하고 있는 다양한 데이터들 중 상당수에서 이상 신호가 잡히면서 이같이 대응했다.

로보 어드바이저 업체 비에스엠아이티(BSMIT)의 파봇(FABOT)은 당일 평균 수익률 하락폭이 0.32%에 그치며 위기대응에서 긍정적인 평가를 받았다. 평소 60% 이상을 단기채권 및 현금으로 보유하

며 시장의 이상 징후 시 변화에 대응하는 전략을 구사하는 파봇은 오전 9시~11시 30분 사이 보유 중이던 레버리지 ETF들을 매도하고 인버스 ETF로 갈아탔다. 동시에 당일 급락세를 보인 극동유화, 코엔텍 등 일부 종목에 대해선 매수 포지션을 취했다. 시장대응형 엔진에 따른 투자 결과 23일 3.56% 수익률을 기록했던 계좌의 24일 수익률이 3.44%를 기록했다.

유안타증권의 자체 개발 시스템인 티레이더는 26일 11시 10분경 선물 시장의 과도한 외국인 매도 물량 출회에서 이상 시그널이 감지되면서 12시를 기점으로 투자 포지션이 '햇빛'(매수)에서 '안개'(매도)로 전환됐다. 티레이더 포트폴리오 가입 고객들은 티레이더 시스템에 따라 12시 00분 20초 KODEX 인버스 ETF를 8,245원에 자동 매수했다.

브렉시트 발생과 관련한 로보 어드바이저들의 대응은 하락신호 발생 시 감정을 배제한 대응이 가능하다는 점에서 단기 수익률 방어에 유리했다는 분석이다. 증권사에서 발행하는 보고서나 증권사 지점의 PB 등을 통해 투자자들에게 보수적 투자전략이 전달되더라도 고객이 직접 의사 결정하는 경우 시장의 급변화에 신속히 대응하는 데 한계가 있기 때문이다.

미국 대선과 브렉시트 등 대외적 변수에서 로보 어드바이저가 괜찮은 수익을 거둬냈지만 소액투자자에게 낮은 수수료로 양질의 자산관리 서비스를 제공한다는 본래 취지를 벗어나 단기 수익률 경쟁으로 치달을 것이란 우려도 나온다. 로보 어드바이저 또한 예상치 못한 위기가 다가올 경우 일시적인 수익률 하락이 불가피할 때도 있다. 수익률 위주로 평가하기보다는 기간별 추세를 함께 보면서 장기적인 관점으로 지켜볼 필요가 있다.

앞서 브렉시트, 미국 대선 등 시장변동 상황에서 로보 어드바이저는 인공지능 기술을 기반으로 실력을 보여줬다. 방향을 가늠하기 힘든 시장 상황에서 유력한 재테크 대안으로 꼽히고 있다.

그렇다면 로보 어드바이저가 인간을 온전히 대체할 수 있을까. 아직은 그렇다고 대답하기 어렵다. 우선 현재 상용되고 있는 로보 어드바이저도 인간의 감정과 평가가 들어가서 설계되고 운용되고 있기 때문이다. 불완전판매 가능성도 아예 배제할 수 없다.

또한 로보 어드바이저는 시장가격을 왜곡해 충격을 줄 수 있다. 찰나의 차익거래를 주로 하는 로보 어드바이저가 많아질 경우, 시장 가격이 왜곡돼 로보 어드바이저 수익률도 한계에 부딪칠 수 있다. 예를 들어 상당 규모의 자금을 운용하는 수십 개 알고리즘이 같은 시간에 삼성전자를 향해 동일한 매수 신호를 제시하면 시장에 타격을 준다. 장기적으로 보면 로보 어드바이저는 한계를 노출할 수밖에 없는 구조라는 일부의 지적도 나온다.

2008년 금융위기 이후 등장한 로보 어드바이저 기술이 폭락장에 대처한 경험이 없다는 점도 걱정스럽다. 로보 어드바이저 서비스는 글로벌 금융위기 이후 자산시장 호황기에 출시된 만큼 아직 침체기를 경험하지 못했다. 게다가 국내외적인 정치, 외교 등 복잡한 사안들이 시장에 미칠 영향을 로보 어드바이저가 어디까지 인지하고 대처할 수 있을지 아직 확인된 바 없다. 이를테면 북한 핵 문제와 관련된 정책들 그리고 주변국에 미칠 영향 또는 현 정부 비선실세, 국정농단, 촛불시위 등의 문제들이 시장에 미칠 영향을 로보 어드바이저가 인지할 수 있을지 의문이다. 인간은 이러한 요소들을 살피고 자의적 판단에 의해 자산관리를 하지만, 로보 어드바이저에겐 아직까지 어려운 일이다.

이같은 로보 어드바이저의 잠재적 위험을 정리하면 크게 다섯 가지로 요약할 수 있다.

❶ 로보 어드바이저는 불완전판매 수단으로 이용될 가능성이 있다

로보 어드바이저는 사람보다 일관되고 체계적인 투자자문을 제공할 수 있지만, 사람처럼 고객의 부적합한 의사결정을 유도하거나 고객에게 부적합한 투자자문을 제공할 수도 있다. 예컨대 고객이 온라인으로 자동화된 투자자문 또는 자산관리 서비스를 제공받는 과정에서 로보 어드바이저가 제공하는 정보를 제대로 이해하지 못했더라도 고객은 이에 대해 인지하거나 질문할 기회를 갖지 못한다. 만약 투자자가 궁금한 점이 있거나 이해가 안 가는 부분이 있으면 펀드매니저에게 재차 물어볼 수 있지만 로보 어드바이저는 그렇지 못하다. 일반 투자자가 눈을 깜빡거리고 갸우뚱한 표정을 보일 때 재차 설명을 통해 상품의 수익구조와 위험을 알기 쉽게 설명하기 어려울 수 있다. 즉 비대면으로 금융투자상품을 설명하는 것의 한계다. 따라서 로보 어드바이저가 이를 악용해 고객이 이해하기 어려운 용어를 사용하거나 이에 대한 충분한 설명을 제공하지 않을 수 있다.

또한 로보 어드바이저가 투자손실 가능성에 대한 충분한 설명 없이 높은 수익을 실현할 가능성만을 강조하거나, 각 포트폴리오 구성자산의 내재위험 등에 대해 충분한 설명을 제공하지 않을 수 있다. 또 핵심 설명사항을 고의적으로 눈에 잘 띄지 않게 제공할 수도 있다. 특히 로보 어드바이저의 불완전판매에 대해서 책임소재를 어떻게 가릴지도 논쟁부분이 될 수 있다. 아직은 국내에서 본격적으로 로보 어드바이저가 대중화되기 전이지만, 대중화될 경우 빈번하게 발생하는 로보 어드바이저 불완전판매 논란을 금융당국과 해당업체 그리고 고객 사이에서 어떻게 조율할지 고민해야 한다.

뿐만 아니라 로보 어드바이저는 알고리즘의 기본 가정 또는 판단 기준이 타당한지를 주기적으로 검증하고 이에 대한 결과를 기록하고 관리할 수 있어야 한다.

❷ 로보 어드바이저는 미리 짜여진 알고리즘을 악용할 수 있다

고객의 이익보다 로보 어드바이저를 제공하는 회사의 이익을 우선할 수 있단 뜻이다.

로보 어드바이저는 자문보수를 낮게 제시하는 대신에 고의적 또는 임의적으로 선취수수료가 높은 상품에 투자하도록 추천할 수 있다. 또한 더 저렴한 비용이 부과되는 금융투자상품을 자산배분 제안에서 임의적으로 낮은 비율로 제시하거나 제외시킬 수도 있다. 특히 기존 고객을 대상으로 리밸런싱 서비스를 제공할 때 수수료 수입 측면에서 로보 어드바이저에게 유리한 추천을 제시할 가능성도 배제할 수 없다. 인공지능 운영 주체는 브로커 회사와의 사전계약을 통해 빈번하게 주문할 위험이 있다. 이를 막기 위해 운용보수를 낮추고 투자자 재산의 운용성과에 연동해 수수료를 받는 것이 바람직하다.

❸ 로보 어드바이저가 채택한 알고리즘 자체에 오류가 있거나 해킹될 수 있다

애초에 로보 어드바이저의 알고리즘을 개발하는 단계에서 의사결정 순서가 착오에 의해 임의적으로 배열돼 고객에게 피해를 입힐 수 있다. 또 알고리즘이 해킹되거나 외부에 의해 조작될 경우 시스템적인 대량오류 주문이 발생할 수 있다. 시스템적으로 알고리즘의 오작동을 감지할 수 있는 장치가 마련되어 있지 않을 경우 사람의 개입이 최소화되는 알고리즘 운영 특성상 이러한 위험을 미연에 방지하기 어렵다.

이로 인해 부적합한 투자자문이 제공되거나 대량오류 주문이 발생할 수 있고, 이 경우 법적 책임소재에 대한 분쟁이 발생할 수 있으며 최악의 경우 급격한 시스템 위험까지 초래할 수 있다.

❹ 투자행태의 쏠림현상을 악화시킬 수 있다

로보 어드바이저 간 경쟁이 심화될수록 특정 알고리즘이 시장지배력을 행사할 수 있고 이 경우 로보 어드바이저의 알고리즘 간 유사성이 높아질 수 있다. 이에 따라 로보 어드바이저는 투자자에게 유사한 자산배분을 제안하거나 시장상황 변화에 동일하게 대응하도록 투자자문을 제공할 수 있다. 이 때문에 고객 입장에서 금융자산을 분산투자하더라도 금융시장 전체 차원에서 일부 금융자산에 집중투자되는 쏠림현상이 나타날 수 있다. 이렇게 되면 시장상황에 따라 단기 자금 쏠림현상이 심화될 수 있고 채권금리변동, 대량펀드환매 또는 대량 매도가 급격하게 발생할 수 있다.

❺ 사람이 제공하는 투자자문 또는 자산관리 서비스를 받을 수 있는 기회가 대폭 축소될 수 있다

사람의 개입을 최소화한 로보 어드바이저가 확산될수록 전문적인 투자자문·운용인력을 양성하는 노력은 사회 전반적으로 대폭 줄어들 것이다. 또한 사람에 의한 투자자문 또는 자산관리 서비스에 대한 수요가 감소할수록 투자자문·운용인력에 대한 수요도 자연스럽게 감소한다. 그러나 대규모 불완전판매 사건이 로보 어드바이저에 의해 발생하거나 로보 어드바이저 해킹사건이 터질 경우 사람에 의한 서비스 수요는 다시 급격히 증가할 수 있다. 이 경우 인간 어드바이저에 의한 서비스 가격이 지금보다 크게 인상돼 진입장벽이 더 높아질 가능성도 있다.

인공지능은 잡(JOB) 파괴자?
긴장하는 PB들

Robo Finance

2016년 초 다보스포럼의 연차총회에서는 인공지능 기술로 연간 200만 개의 일자리가 생성되는 대신 700만 개의 일자리가 사라지게 되어 결국에는 500만 개의 일자리가 소멸될 것이라고 경고했다. 유엔 미래보고서 역시 인공지능 기술로 인해 2030년까지 20억 개의 일자리가 소멸하고 현존하는 일자리의 80%는 사라진다는 보고를 한 바 있다.

로보 어드바이저가 속속 등장하면서 기존 자문관리사 인력의 일자리가 사라지는 것 아니냐는 우려가 나오고 있다. 우리나라보다 먼저 로보 어드바이저를 도입한 미국의 경우는 어떨까.

2016년 2월 말 현재 미국 투자자문사의 전체 자문인력은 38만 1,689명으로 집계됐다. 이는 로보 어드바이저가 본격 출현한 2013년

2월 말(34만 4,623명)에 비해 3만 7,066명 증가한 것이다. 같은 기간 순수 로보 어드바이저(독립적 온라인 서비스)의 자문인력은 297명 늘어난 479명으로 집계됐다. 기존 투자자문사가 온·오프라인 서비스를 제공하는 하이브리드 로보 어드바이저의 자문인력은 2,444명에서 2,531명으로 87명 많아지는 데 그쳤다. 사람의 개입을 최소화하는 로보 어드바이저 출현에도 불구하고 자문인력 대체효과는 아직까진 급격하게 나타나지 않고 있다.

하지만 향후 자산관리 시장의 경우 로보 어드바이저 중심으로 인력구조가 재편될 가능성이 크다. 특히 모바일, 인공지능에 익숙한 1020세대가 사회주류층으로 등장할 뿐 아니라 금융자문사 노령화도 빠르게 진전되면서 사람에 의한 투자자문 및 자산관리 서비스 공급이 감소세에 접어들 수밖에 없다.

지난해 딜로이트의 분석에 따르면 현재 금융자문사 인력의 43%가 55세 이상이며 향후 10년 이내에 32%가 은퇴를 앞두고 있다. 현재 수준의 서비스를 유지하려면 앞으로 24만 명을 새로 고용해야 한다.

앞으로 주고객층이 될 젊은 세대의 로보 어드바이저 서비스에 대한 선호도가 높다는 점을 고려하면 금융회사 입장에서는 로보 어드바이저 활용을 확대하는 편이 효율성과 경쟁면 측면에서 낫다. 결국 장기적으로는 로보 어드바이저가 기존 인력을 상당부분 대체하는 것이 불가피하다. 특히 로보 어드바이저의 등장이 최근 증권사 인력 감축과 맞물려 있다는 점은 증권맨들을 더욱 불안하게 만드는 요소다.

금융투자협회에 따르면 2015년 3분기 말 기준 국내 증권사의 전체 지점 수는 총 1,217개, 전체 임직원 수는 3만 6,096명으로 나타났다. 3년 전인 2012년 9월 말 현황과 비교하면 지점은 1,734개에서 30% 가까이 감소했고, 임직원은 4만 3,091명에서 7,000명 이상 줄어들었다. 증권업계의 업황 부진에 업무 방향성이 점차 온라인 위주로 재편되면서 인력 감축의 칼바람이 몰아친 것이다. 이런 가운데 로보 어드바이저까지 가세하면 구조조정 속도를 더욱 빠르게 만들 것이다. 다만 전자책이 나왔다고 해서 종이책이 사라지지 않은 것처럼, 로보 어드바이저와 영업점이 당분간 각자의 장점을 살려 공존할 것이다.

로보 어드바이저는 투자자가 입력한 투자 성향 정보를 토대로 알고리즘을 활용해 자산 운용을 관리하는 서비스로, 빅데이터 기술에 기반을 두고 있다. 따라서 기술적인 정량 분석에 특화돼 있을 뿐 정성적인 부분까지 헤아리기는 쉽지 않다는 것이 약점이 있다. 즉 사람만이 할 수 있는 역할이 여전히 존재한다는 뜻이다. 로보 어드바이저와 인간이 협력할 수 있는 부문을 적극적으로 모색할 필요가 있다. 증시 환경에는 기술적 분석을 뛰어넘어 다양한 요인이 작용하는 만큼 결국 사람의 역할, 대면 서비스가 당장 사라지기는 어려울 것이다.

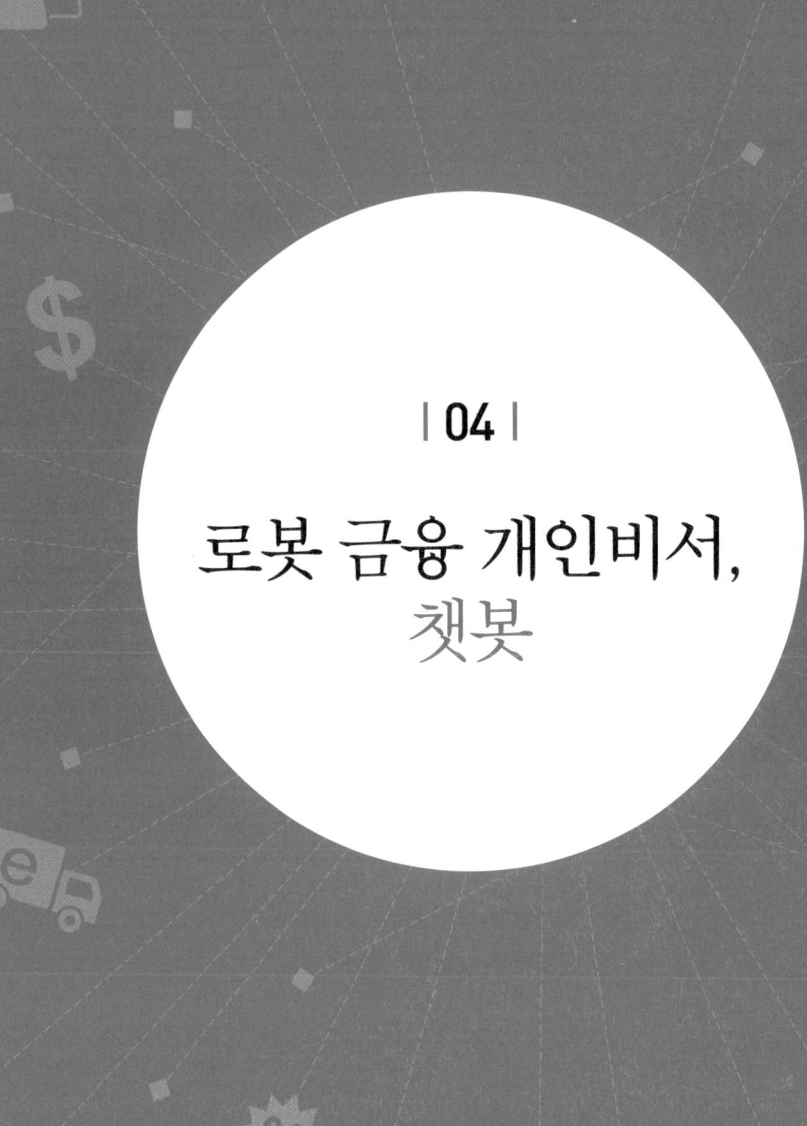

| 04 |

로봇 금융 개인비서,
챗봇

01 사람이 인공지능과 대화하는 시대

Robo Finance

마치 인간처럼 정보를 대신 검색하거나 쇼핑 주문을 대신해주고 음식이나 여행, 여행지를 추천한다. 심지어 개인의 감정을 읽어내고 달콤한 말까지 속삭여준다.

인공지능 운용체계(OS)와 사랑에 빠진다는 영화 〈그녀〉(Her)가 더 이상 영화 속 이야기가 아니다. 사람과 대화하는 인공지능 챗봇(Chatbot) 시대가 오고 있기 때문이다.

챗봇이란 인공지능을 적용한 모바일 채팅앱으로 볼 수 있다. 컴퓨터가 인간 대화를 기계적으로 학습해 사람과 대화하는 '가상 대화친구'인 셈이다. 사람이 메시지를 건네면 챗봇은 개인 맞춤형 대화를 이어간다. 상황에 맞는 대화를 먼저 걸어오기 때문에 비단 금융권뿐 아니라 전 산업권에서 미래의 맞춤형 고객 서비스로 각광받고 있다.

챗봇에는 주로 문자(Text) 형식의 인간 언어와 감성을 컴퓨터가 이해하고 학습하기 위한 데이터 분석 기술인 자연어처리, 텍스트 마이닝, 패턴인식, 상황인지기술, 시멘틱웹(Symantic Web) 등이 적용된다.*

챗봇은 메신저를 통해 방대하게 수집된 인간의 대화를 분석하고 학습하며 그 다음에 이어지는 대화나 상황을 추론하여 예측하기 때문에 마치 인격체를 지닌 것처럼 대화가 자연스럽다. 인간과의 대화처럼 보다 자연스러운 대화를 이어가기 위해서는 웹이나 메신저 상에서 사람들이 나눈 무수히 많은 대화의 수집과 이를 정확하게 처리하는 자연어처리 기술, 그리고 분석 및 학습 방법들의 정교화와 고도화가 챗봇 성능을 좌우하게 된다. 또한 챗봇의 특성상 대화 상대의 상황과 감정에 대한 지식을 적절하게 습득하지 못하면 사람과 제대로 공감할 수 없다.

현재 세계적으로 인공지능 기술은 소수의 글로벌 기업들에 의해 주도되고 있다. 주요 기술들은 이미 추론과 예측을 위해 제조, 의학, 군사, GPS, 포털과 이메일 서비스 등 여러 산업분야에서 일부 적용되고 있으나 대다수는 연구나 시험 단계에 머무르고 있어 인공지능 응

---

* **자연어 처리 기술** 컴퓨터가 인간의 언어를 알아듣고 인간처럼 대화할 수 있는 기술로, 인간이 사용하는 문장으로부터 어휘ㅏ 형태소 분석이 자동으로 이뤄진다.
  텍스트 마이닝 텍스트 형태의 데이터를 처리하고 이를 학습하여 유사 데이터를 찾아내고 예측하는 기술
  패턴인식 기계에 의하여 도형·문자·음성 등을 식별시키는 것
  상황인지기술 가상 공간에서 현실의 상황을 정보화하고 이를 활용해 사용자 중심의 지능화된 서비스를 제공하는 기술
  시멘틱웹 컴퓨터가 정보자원의 뜻을 이해하고, 논리적 추론까지 할 수 있는 차세대지능형 웹

용 제품 및 서비스 시장은 도입기라고 볼 수 있다. 그러나 챗봇과 같이 테스트 단계에 있는 서비스들이 대중에게 선보이며 소비자들에게 높은 호응을 일으키고 있어 인공지능 기술이 고도화되고 정교화될수록 전 산업분야에서 인공지능 응용 제품 및 서비스 시장은 급격히 성장할 것으로 예측된다.

영국의 기술 및 시장 분석 전문기업 테크내비오(TechNavio)에 따르면 인공지능 기술에 의한 스마트 기기(Smart Machine)들을 활용한 시장 규모는 2015년 기준 약 75억 달러에서 2018년에는 약 131억 달러로 연평균 19.8% 성장할 것으로 전망하고 있다. 글로벌 시장조사 기관인 마켓앤마켓(Marketsandmarkets)에 따르면 챗봇 주요기술인 자연어처리와 기계학습 기술의 시장은 연평균 55.1%로 성장해 2020년에 약 44억 달러에 이를 것으로 전망된다.

챗봇은 모바일 기기에서 인공지능 채팅앱의 형태를 통해 고객에 맞춤화된 서비스로 응용될 수 있다. 1:1 대화형으로 날씨, 교통상황, 여행지, 음식 등 사용자 상황에 적합한 정보를 제공할 수도 있고, 금융이나 보험, 보건의료, 법률과 같은 복잡한 지식 상담 서비스를 제공할 수도 있다.

그 중에서도 광고나 미디어 산업의 시장은 이미 고객의 데이터를 방대하게 확보하고 있는 산업분야로 광고에 인공지능 기술이 적용될 경우 국내외 시장은 급격히 성장할 것으로 전망된다. 한국과학기술정보연구원 보고서에 따르면 챗봇이 인공지능 광고 및 미디어 시장에서 응용되면, 세계 시장은 연평균 43%로 성장해 2020년 11억 5,100만 달러에 이를 것으로 예측했다. 국내 시장은 연평균 51%로 성장해 336억 원에 달할 것으로 전망했다.

지능화된 챗봇은 인격체에 가까운 대화로 관계지속이 가능하다. 오랜 시간 대화를 통해 수집한 사용자 정보를 바탕으로 스스로 학습하기 때문에 인간과 신뢰를 형성하고 더욱 가까워질 수 있다.

국내외 메신저 앱으로 대변되던 모바일 생태계는 이제 '챗봇 플랫폼'으로 변하는 모습이다. 챗봇을 이용하면 한 번에 모든 서비스를 해결할 수 있기 때문에 스마트폰에 서로 다른 수십 개의 앱을 설치할 필요가 없어진다.

가장 먼저 챗봇 개발에 불을 지핀 곳은 페이스북이다. 지난 4월 연례 개발자회의에서 마크 저커버그 페이스북 최고경영자(CEO)는 인공지능 챗봇과 이를 제작하는 데 필요한 엔진 등 개발 도구를 공개했다. 페이스북 메시저 내 CNN 챗봇은 사용자가 선호하는 뉴스를 파악하고 선호에 따른 기사와 간략한 뉴스 개요를 추천할 수 있다. 전자상거래 스프링(Spring) 챗봇은 사용자가 특정 군의 제품과 가격 범위를 입력하면 다양한 제품을 추천해준다.

이처럼 메신저에서 기업들이 운영하는 챗봇에 메시지를 보내면 챗봇이 자동으로 응답해 원하는 기업으로부터 뉴스정보를 수신하거나 날씨 검색, 레스토랑 예약, e커머스 문의, 택시 호출, 비행기 티켓 구매 등이 모두 가능하다.

글로벌 메신저 업체들
챗봇 도입 확대

02

Robo Finance

"친구에게 메시지를 보내는 것처럼 지금 필요한 서비스 업체와도 메시지를 주고 받을 수 있어야 한다"

마크 저커버그 페이스북 대표는 인공지능 기반 챗봇이 향후 커머스 플랫폼의 중심이 될 것이라며 이같이 말했다. 페이스북뿐만 아니라 글로벌 IT기업들이 모두 챗봇 도입을 발표 또는 고도화시키고 있다. 특히 챗봇을 대화형 커머스 플랫폼으로 확장하고 있는데, 신용카드와의 연결을 통해 대화에서 결제까지 이뤄지는 원스톱 기능을 지향한다.

페이스북은 인공지능 기반의 챗봇을 가상현실(VR), 라이브동영상과 더불어 향후 10년간 주력할 차세대 플랫폼 사업으로 제시했다. 마크 저커버그는 'F8 2016' 기조연설에서 메신저를 이용해 CNN 뉴스를 읽고 꽃배달 서비스 업체인 '1-800-Flowers'로부터 꽃다발을 주문하는 과정을 시연하기도 했다.

북미 모바일 메신저 '킥'(Kik)이 오픈한 '봇샵'(Bot Shop)은 현재 사용 중인 채팅창 내에서 '@'을 붙여 회사명을 입력하고 질문을 하면 해당 챗봇이 등장해 각종 질의에 응대한다. 킥은 2015년 말 기준 약 2억 4천만 가입자를 보유하고 있는 캐나다 모바일 메신저 앱으로 전체 가입자 중 40%가 미국 내 청소년일 정도로 북미지역의 젊은 세대에게 인기다.

예를 들어 현재 서울 지역의 날씨가 궁금할 경우 채팅창에 "@weatherchannel 지금 서울 날씨 어때?"라고 물으면 'Weather Channel'이 대화상대로 등장해 정보를 제공한다. 화장품 업체 '세포라'에 "@Sephora 가장 많이 팔린 립스틱은 뭔가요?"라고 질문하면 세포라 챗봇이 제품 정보와 함께 구매를 지원한다. 즉 챗봇 플랫폼에서 사용자들이 웹사이트 접속 또는 전화를 걸지 않고도 메신저에서 대화하듯이 소통하며 필요한 정보를 찾거나 결제 서비스를 이용하는 것이다.

마이크로소프트(MS)는 2016년 4월 사진을 보고 무엇인지 설명하는 인공지능 '캡션봇'을 내놓았다. 캡션봇에게 사진을 보여주면 이에 대한 간단한 사진 설명을 한다. 설명을 내놓은 뒤에는 5개의 별로 점수를 매겨 달라고 요청한다. 캡션봇은 이미지 인식과 자연어 처리에 신경망을 이용한다. 많은 사진을 볼수록 인공지능은 학습 정확도가 더 높아진다. 물론 아직까지 완벽한 건 아니어서 사진을 잘못 인식하기도 한다. 캡션은 모두 1인칭으로 표현하는데 "조금 자신이 없지만…"이라는 표현을 하기도 한다.

유명인을 알아보는 데서는 성적이 나쁘지 않다. 팝스타 테일러 스위프트, 저스틴비버 등은 모두 알아봤다. 간단한 동작이나 행위에 대해서도 묘사에 무리가 없었다. 누군가가 소파 위에 앉아 있다거나, 한 남성이 건물 앞에서 웃고 있다거나, 식당이 붐빈다는 등의 설명을 해낸다.

한국인에 대한 인식은 어떨까? 송중기, 송혜교 등 한류 열풍을 주도하는 연예인을 명확하게 인식했다. 해외로 수출된 드라마 〈태양의 후예〉로 인해 데이터를 인지하는 듯했다. 그러나 국내에서 급부상한 박보검은 알아보지 못했다. 필자의 사진을 넣자 재미있게도 일본 배우를 닮았다는 말을 걸기도 했다. 그러나 사진에 나타난 여러 요소들을 엉뚱하게 조합해 대답하거나 복잡한 그림들에 내해서는 설명하지 못하는 등 부족한 모습도 보였다. 애매

How did I do?

마이크로소프트의 캡션봇

모호한 답변들도 나왔다. 캡션봇을 직접 사용해 본 사용자들의 후기에 따르면 달에 도착해 성조기 앞에 선 우주인의 사진을 두고 한 남성이 지저분한 땅 위에 서 있다는 묘사를 내놓기도 했다.

마이크로소프트는 2014년 5월부터 인공지능 기술과 검색엔진 '빙'을 결합한 중국어 챗봇 '샤오빙'을 서비스하고 있다. 중국 내에서는 인공지능 기상캐스터로 알려져 있다. 샤오빙은 현재 기상 상황과 예측, 빅데이터 분석을 통해 스스로 학습도 가능하기에 실시간으로 기상을 분석해 보도하기도 하고 앵커와 대화도 한다. 현재 2억 명 이상이 사용하는 것으로 알려졌다. 또한 마이크로소프트는 지난 2016년 3월 개발자 콘퍼런스 'Build 2016'에서 가상비서 서비스인 코타나(Cortana)와 자사 메신저인 스카이프(Skype)를 결합해 '플랫폼으로서의 대화'를 구현하겠다는 비전을 발표하기도 했다.

구글 역시 챗봇 기능을 탑재한 모바일 메신저를 개발 중이다. 중국 메시징 플랫폼 '위챗'은 챗봇 기술을 활용해 이용자와 커뮤니케이션을 활성화하고 뱅킹, 택시공유, 병원 검진 예약 같은 생활 밀착형 서비스를 제공해 서비스 플랫폼으로 변신하고 있다.

모바일 메신저 업체들은 챗봇이 소비자와 기업을 잇는 플랫폼 역할을 할 것으로 기대하고 있으며, 이를 위해 다양한 업체들이 누적된 기술이 없더라도 챗봇을 쉽게 개발할 수 있도록 개발 도구를 제공하고 있다.

페이스북은 챗봇을 개발할 수 있는 응용프로그램 인터페이스(API)와 챗봇 기능을 향상시킬 수 있는 '봇 엔진'(Bot Engine)도 공개했다. API를 이용하면, 텍스트나 이미지뿐 아니라 소비자의 다양한 구매 의사결정 혹은 콘텐츠 참여를 이끌어 낼 수 있는 버튼 설계가 가능하다.

봇 엔진은 페이스북이 지난 2015년 인수한 챗봇플랫폼업체 'Wit. ai'의 기술로 머신러닝, 자연어처리에 기반을 둔 인공지능 기술을 누구나 쉽게 개발할 수 있도록 지원한다. 현재 CNN과 월스트리트저널 등 언론을 비롯해 이베이와 스포티파이 등 쇼핑업체, 익스피디아, 부킹닷컴 등 여행업체, 버거킹 등 음식업체 등 다양한 영역의 40여 개 기업들이 이들 기술을 활용해 챗봇을 서비스하고 있다.

킥(Kik), 마이크로소프트, 텔레그램(Telegram), 라인(LINE) 등도 다양한 개발자와 브랜드들이 챗봇을 개발할 수 있는 봇 API(Bot API)를 공개했다. 킥의 '봇샵'은 오픈 당시 15개 업체로 시작, 현재 패션브랜드 H&M, Sephora 등 젊은 층을 타깃으로 하는 39개 업체가 참여해 서비스를 제공 중이다.

'챗봇' 열풍에
네이버 · 카카오도 가세

Robo Finance

"인공지능과 자율주행, 음성인식, 자동번역 등 첨단기술이 중심이 되
는 플랫폼이 되겠다"
　　　　　　　　　　　　　　　　　　　　 – 한성숙 네이버 신임 대표

"음성기술과 언어처리, AI 등 기반 기술을 통해 카카오톡을 한 차원
더 진화시키겠다. 앞으로 이용자가 원하는 모든 것을 카카오톡 안에
서 해결할 수 있도록 하겠다"
　　　　　　　　　　　　　　　　　　　　 _ 임지훈 카카오 대표

　네이버가 모바일 플랫폼에서 인공지능 기술 중심의 종합 플랫폼으
로 거듭나겠다는 포부를 밝혔다. 구글, 페이스북 등 글로벌 IT기업에
발맞춰 기술이 곧 경쟁력이 되는 시대임을 인정하기도 했다. 무엇보
다 인공지능 기반 챗봇 개발을 2017년 완료하고 상용화하겠다는 의
지도 드러냈다.

네이버는 모바일에서 라인 메신저를 통해 대화하듯 자연스럽게 원하는 정보를 찾을 수 있도록 하는 챗봇 '라온'(LAON)을 개발중이다. 라온은 지속적인 대화 기술 연구의 결과물로, 빅데이터와 기계학습으로 강화된 자연어 이해 기술과 사람의 대화처리 로직을 모사한 대화문맥 관리 기술이 강점이다. 현재 라온은 '쥬니버앱'을 이용하는 어린이기 지판입력 대신 음성으로 원하는 서비스를 이용할 수 있도록 일부 기능이 적용 중이며, '쇼핑톡톡'(네이버쇼핑의 질의응답 서비스)에서는 판매자 대신 상품재고 여부 등에 대해 소비자에게 자동으로 응답해주는 역할도 하고 있다. 쇼핑톡톡은 대화 속에 어떤 로그가 남느냐를 분석해 '자동 답변'이 사람 수준에 이를 수 있도록 고도화 중이다. 빅데이터가 쌓일수록 대화 품질도 좋아지는 방식이다.

SNS와 쇼핑앱에도 인공지능 챗봇이 도입되면 '문자 중심'의 사이버 커뮤니케이션이 '대화 중심'으로 빠르게 바뀔 것으로 예상된다. 마치 사람과 기계의 대화도 사람과 사람 간 대화처럼 자연스럽게 진행 가능한 것이다.

예를 들어 메신저 라인에서 원하는 상품을 검색하다가 "이 블라우스 흰색 재고가 있나요?"라고 질문할 경우 상품 판매자 대신 "창고에서 찾아볼게요", "흰색 대신 검정색 하나가 남아있어요" 등 자동으로 응답해주는 것이다. 향후 부동산 매물, 교통상황 등 17개 이상 영역을 독독에 적용해 고객 질문에 자동으로 답하고 조언하도록 할 예정이다.

네이버는 최근 대화형 인공지능 엔진인 '아미카'를 공개하기도 했다. 애플의 '시리'나 구글의 '어시스턴트', 아마존의 '알렉사'처럼 인공지능을 기반으로 사람의 말을 듣고 답을 주는 음성 비서다. 예를 들면 오늘 날씨나 일정, 버스 도착 시간을 알려주고 출퇴근할 때 듣기 좋은 노래 등을 추천해준다. 식음료 업체인 SPC, 배달 애플리케이션 '배달의 민족' 등이 아미카를 기반으로 새 서비스를 개발하고 있다.

카카오도 마찬가지다. 택시, 대리운전, 미용실, 쇼핑 등 다양한 온오프라인 연계(O2O) 사업을 카카오톡 하나로 연결해 결제까지 이어지는 플랫폼을 완성해가고 있다. 여기에 빅데이터 및 인공지능을 더해 개인 맞춤화된 서비스를 제공하겠다는 전략이다. 텐센트의 위챗, 알리바바의 알리페이 등을 연상시킨다. 카카오톡이 예약하고 주문하고 콘텐츠를 유통하는 새로운 수익형 플랫폼으로 변신할 전망이다.

카카오는 조만간 자사 모바일 메신저 카카오톡에 인공지능과 자연어처리 기술을 결합해 서비스를 고도화시킬 예정이다. 카카오는 2013년부터 카카오톡 플러스친구를 통해 자동응답 API를 제공해왔으며, 이 API는 GS샵, CJ오쇼핑의 톡 주문 시스템에 활용됐다. 카카오톡 챗봇도 개발중인데 인공지능을 카카오톡에 탑재해 사용자가 음식 주문, 번역, 공연 예약 등 서비스를 이용할 수 있도록 한다.

카카오는 무엇보다도 다년간 쌓인 데이터가 무기다. 그만큼 소비자에게 비즈니스를 제안할 수 있는 접점이 많다는 얘기다. 카카오가 개발 중인 신기술은 현재도 카카오의 주요 서비스에 녹아들고 있다. 자연어 처리 기술이 적용된 '챗봇', 머신러닝을 활용한 '꽃검색'과 뉴스 배치 기능인 '루빅스' 등이 대표적이다.

04 해외 금융사의 챗봇 도입 현황
Robo Finance

뱅크오브아메리카(Bank of America)는 미국 라스베가스에서 열리는 '핀테크 컨퍼런스 머니2020'(Money2020)에서 인공지능 기반 챗봇 '에리카'(Erica)를 선보였다. 정식 서비스는 2017년 시작될 예정이다.

핀테크 스타트업과 손잡고 만든 에리카는 고객 자산관리 가상 로봇이다. 이용자는 문자와 음성으로 에리카와 대화 가능하다. 거래 내역이나 한도액 등 기본적인 질문에는 자동으로 답변하며, 평소보다 많은 카드지출 발생 시 고객에게 알림 메시지를 보낸다. 또한 지출 절감 방안을 제시하는 등 맞춤형 개인금융 비서 서비스도 제공한다. 예를 들어 에리카는 고객의 신용등급이 좋지 않다는 걸 알게 될 경우 이를 끌어올리기 위한 방안들을 제안하거나 고객에게 이자 비용을 낮출 수 있는 신용카드 대금 납부 방법을 알려준다. 지금은 기초적인 응답만 가능하지만 중장기적으로 완전 자동화된 금융 비서 서비스로 키운다는 계획이다.

뱅크오브아메리카는 챗봇 엔진을 페이스북 메신저에 탑재해서 서비스할 예정이다. BOA 프로그래머들은 앞으로 에리카를 더욱 스마트한 지능으로 업그레이드하기 위해 방대한 데이터를 수집하고 관리한다. 데이터가 쌓일수록 알고리즘이 고도화되면서 진화된 형태로 서비스를 제공할 수 있게 된다.

마스터카드도 '핀테크 컨퍼런스 머니2020' 전시회에서 메시징 플랫폼 상에서 고객들이 카드 거래내역을 조회하고, 지출 상황을 모니터링하거나, 지출 한도를 설정한 후 쇼핑까지 가능하게 하는 인공지능 '마스터카드봇'(Bot) 플랫폼을 출시할 계획이라고 밝혔다.

마스터카드봇은 가맹점과 카드 발급사가 채팅, 메시지로 고객과 대화할 수 있도록 해준다. 마스터카드봇을 통해 파트너사는 고객들과 소통하면서 맞춤형 서비스를 제공하고, 고객의 상황에 맞는 다양한 제안을 할 수 있게 된다.

키키 델 발(Kiki Del Valle) 마스터카드 커머스 기기 부문 수석 부사장은 "마스터카드 랩스(Mastercard Labs)에서는 마스터카드의 주요 상품과 서비스를 다양한 메시징 플랫폼과 통합하는 실험을 진행해왔다. 마스터카드는 소비자가 일상생활에서 챗봇을 자연스럽게 사용할 수 있고, 파트너사들이 대화에 기반을 두고 상거래를 촉진할 수 있게 하는 단계로 발전하고 있다"고 말했다.

마스터카드는 시범운영 단계에서 금융 서비스용 가상 비서와 스마트봇 서비스를 제공하고 있는 미국 핀테크 스타트업 카시스토(Kasisto)와 협력한다. 카시스토는 애플 '시리'(Siri)를 개발한 비영리 연구소 SRI인터내셔널에서 파생된 핀테크 스타트업이다.

마스터카드봇은 금융 인공지능 플랫폼인 '카이뱅킹'(KAI Banking)을 기반으로 고객의 요청에 문자나 메시저로 답한다. 가맹점은 소비자들이 마스터카드봇을 통해 메시징 플랫폼에서 쇼핑을 하고, 마스터패스 글로벌 디지털 결제 서비스를 이용해 결제도 할 수 있도록 한다. 이 봇을 통하면 소비자들은 가맹점과 대화를 시작한 후 지갑을 꺼내거나 가맹점 앱을 사용하지 않고도 거래를 마칠 수 있다. 항공사에서 소매점에 이르기까지 다양한 가맹점 업종에서 사용할 수 있다.

캐나다 왕립은행(RBC)도 이러한 카시스토의 기술을 이용해 챗봇 시범 서비스를 계획하고 있다. 카시스토의 스마트봇 기술을 통해서 고객들이 RBC에게 직접 메시지를 전송해 계좌 잔액이나 거래내역서 확인, 문의사항 등을 해결할 수 있게 만들 예정이다. 또 RBC는 페이스북 메신저에 스마트봇을 설치할 계획도 갖고 있다.

미국의 인터넷 은행 '앨리뱅크'는 '앨리 비서'라는 서비스를 모바일 앱에 탑재했는데, 이 비서를 통하면 음성이나 텍스트 입력으로 계좌이체 및 잔액확인, 공과금 납부 등 기본적인 은행 업무를 치리할 수 있다. 미국의 은행 '캐피털원'도 아마존의 개인비서인 '에코' (Echo)를 활용해 음성으로 잔액과 결제금액 및 거래내역을 확인할 수 있게 했다.

영국 '산탄데르은행'은 애플의 시리와 유사한 음성인식 기능을 도입해 업무 진행이 가능한 금융비서를 선보였다. 현재 카드 내역과 관련된 서비스를 제공 중이며 전체 모바일 뱅킹 서비스와 연결도 준비 중이다.

영국의 국영은행 로열뱅크오브스코틀랜드(RBS)는 인공지능 로봇 '루보'(Luvo)가 고객들을 응대하고 있다. RBS는 카드를 분실하거나 비밀번호를 기억하지 못하는 고객들을 위해 루보를 개발했다가 인공지능 스타트업과 손잡고 딥러닝 기능을 추가했다.

루보는 당초 은행직원들이 카드를 분실하거나 비밀번호를 잃어버린 고객들에게 좀 더 빨리 대처할 수 있도록 고안된 문자안내 서비스에 불과했다. 그러나 2014년부터 RBS가 딥러닝 기능을 부가하면서 인공지능 루보 기능이 일취월장했다. 루보가 고객 질문을 인지한 뒤 사전에 입력해 놓은 방대한 양의 정보를 분류 · 처리, 질문에 걸맞는 답변을 제공하는 단계까지 성장했고, 이를 통해 고객 금융 · 자산 정보까지 분석한 후 투자성향이 공격적인지 보수적인지 판단해 최적 상품을 추천할 수 있게 됐다. 만약 질문이 복잡해 답변을 찾지 못하면 전문 직원에게 일을 넘기고 그 결과를 학습한 후 다음 번엔 스스로 처리할 수 있는 기능을 갖추고 있다.

루보는 현재 모바일 메신저 '왓츠앱'과 비슷한 플랫폼을 갖고 있지만 아이폰의 시리처럼 음성인식이 가능한 기능도 장착할 예정이다.

국내 은행 · 카드 · 보험 등 금융사 챗봇 도입 현황

05
Robo Finance

국내 금융사에서 가장 먼저 챗봇 서비스를 선보인 곳은 농협은행으로 2016년 10월 카카오톡 기반의 채팅 자동상담 서비스를 내놨다. 상품 안내는 물론이고 자주 묻는 질문 답하기, 이벤트 및 이용시간 안내, '올원뱅크'(모바일뱅크) 바로가기 등의 기능을 지원한다. 유려한 대화형 상담 서비스까지는 아니지만 모바일로 금융 서비스를 묻고 답할 수 있다는 점에서 첫 발자국을 뗀 셈이다.

사용하려면 우선 메신저 카카오톡에서 'NH농협은행'을 친구 추가한 후 '1대1 채팅'을 터치하면 금융봇이 구동된다. 서비스 메뉴는 '상품안내', 'FAQ(자주 묻는 질문)', '이벤트안내', '이용시간안내', '올 원뱅크 바로가기' 등으로 구성되어 있다.

사용해 보니 아직 자유로운 대화는 불가능했다(2016년 12월 현재).

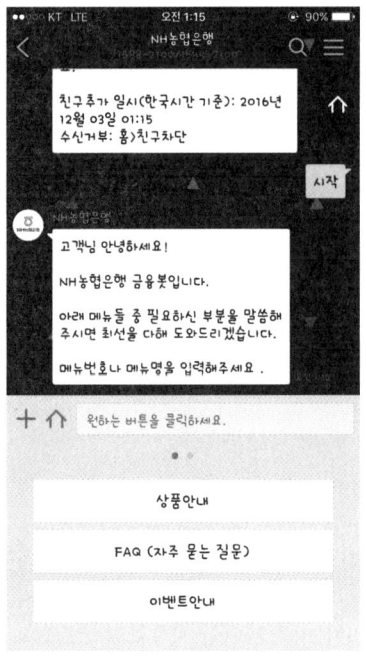

예를 들어 "마이너스 통장을 만들 수 있나요?"라고 물으면 "마이너스통장을 만들었는데 대출 이자는 언제 출금되나요?", "2인 이상 공동명의로 통장을 개설할 수 있나요?" 등 유사 질문 5개가 대화창에 뜨는데 이중 가장 근접한 질문번호를 입력하면 해결책을 안내한 후 정해진 답을 톡으로 알려주는 방식이다. 즉, 시나리오 기반으로 응대

농협은행의 카카오톡 기반 챗봇

했다. 2017년 3분기를 목표로 24시간 동안 조회나 이체 업무, 자연어 질의·응답까지 서비스를 확대한다는 계획이다. 빅데이터를 활용해 고객이 펀드 등 상품을 조회했을 때 적합한 상품을 추천해줄 수 있는 서비스 도입도 가능해진다.

기업은행도 2017년을 목표로 낮은 단계의 챗봇을 선보일 방침이다. 현재 내부적으로 시범 서비스를 운영 중인데, 상담 업무에 초점을 맞춰 모바일은행 '아이원 뱅크'에 탑재할 것으로 관측된다. 단순 반복되는 질문을 로봇이 응대하면 상담원이 더 많은 고객의 복잡한 질문을 처리할 수 있기 때문에 감정노동자들의 편의성이 증대되고 이용자도 빠르고 쉽게 원하는 정보를 얻을 수 있다.

2016년 6월부터 챗봇 개발 논의를 시작한 신한은행도 은행 시스템에 챗봇 서비스를 도입하는 기술을 검증하고 있다. 2017년 1월까지 검증을 마무리하고, 고객 응대에 활용한다는 계획이다.

우리은행은 2016년 조직개편을 통해 빅데이터와 인공지능 전담팀을 신설하고 인공지능을 접목한 금융 서비스 개발에 본격 뛰어들었다. 우리은행은 기존에 있던 시너지추진부를 시너지마케팅부로 바꾸고 그 산하에 4명으로 구성된 '빅데이터 추진팀'을 새로 만들었다. 컨설팅 업체 분석을 통해 24시간 금융상담 서비스가 가능한 챗봇과 '부도 차주 조기 감지 시스템' 구축을 우선과제로 잡았다. 부도 차주 조기 감지 시스템은 빅데이터 기반으로 대출자 부도 가능성을 예측하는 모형을 말한다.

카드사들도 속속 인공지능 기반 서비스에 뛰어들고 있다. 신한카드는 고객의 신용카드 이용 실적을 분석해 최적화된 소비 방향을 알려주는 '판페이봇' 서비스를 준비 중이다. 앱 형태로 출시될 판페이봇은 고객의 '소비 비서' 역할을 한다. 스마트폰으로 앱을 내려받은 고객이 비용 항목별로 예산을 설정하면 인공지능이 계획에 맞게 소비할 수 있도록 조언하는 서비스이다.

판페이봇이 제공하는 조언을 소비자에게 알림 서비스로 전달하고, 이용자와 대화하는 챗봇 형태로 진화될 예정이다. 예를 들어 카카오톡 기반으로 챗봇이 소비에 도움되는 정보를 카톡으로 날려주면, 반대로 고객이 궁금한 점을 카톡에 물어보고 판페이봇이 고객의 빅데이터 분석과 웹 검색을 통해 답을 찾아 다시 전달하는 방식이다.

하나카드도 인공지능을 고객 상담에 활용한다는 계획이다. 이를 위해 한국전자통신연구원(ETRI)의 인공지능 기술 '엑소브레인'을 활용한다. '엑소브레인'은 미래창조과학부에서 추진 중인 소프트웨어 분야의 그랜드챌린지 과제다. 지식 산업 환경에서 전문가 수준의 질의응답을 통해 사람과의 의사소통을 뛰어넘어 지식 서비스를 제공하는 인공지능 소프트웨어를 개발한다는 것이 ETRI의 엑소브레인 개발 목표다.

하나카드는 홈페이지나 모바일을 통한 텍스트 기반 채팅형 인공지능 상담 서비스와 콜센터 상담사에게 필요한 정보를 제공하는 인공지능 에이전트 등을 시작으로, 향후 전문적인 인공지능 상담이나 자산관리의 영역까지 확대해 나갈 예정이다.

증권사 중에서는 미래에셋대우가 인공지능을 고객 상담에 활용하는 방안을 추진하고 있다.

보험업계에도 인공지능 기반의 상담 서비스가 등장했다. 실제 고객과의 대화 등 빅데이터를 수집·분석해 답변을 제공하는 방식이다. 라이나생명은 보험업계 최초로 카카오톡 채팅 상담 서비스 챗봇을 도입했다. 한국IBM 글로벌비즈니스 사업부문과 기술 제휴를 맺고, FAQ 자동응답 솔루션 'IBM OurAnswer'를 도입해 응답 알고리즘을 개선·적용한다는 계획이다.

　동부화재도 카카오톡 채팅으로 보험업무 관련 상담을 제공하는 '프로미 챗봇' 서비스를 시작했다. 1천여 개 지식데이터를 분석해 보험금 청구방법, 필요 서류, 계약대출 이용방법, 서비스망 찾기 등 고객의 문의에 응대하는 방식이다.

P2P업체 '8퍼센트'의 챗봇 개발 현장

06
Robo Finance

"여기서 대출 받으면 신용등급이 내려가나요."

"대출 개설 내용은 공유되나 대출이 개설된 것만으로 신용등급에 영향을 미치지 않습니다. 다만 연체 시에는 신용등급에 악영향을 미치니 주의하세요. 이 링크를 누르면 대출가능 여부를 알 수 있어요."

은행 직원이 아닌 챗봇과 만나 나눈 대화다. 필자는 2016년 7월 개인간(P2P) 대출업체 '8퍼센트'를 방문해서 개발 중인 챗봇 '에이다'를 만났다.

P2P업체는 쉽게 말하면 돈을 빌리려는 사람과 빌려주려는 사람을 연결해주는 플랫폼이다. P2P대출은 온라인을 통해서만 이뤄지는 대출로, 2030세대에게 더 익숙하다. 출범 1년 넘게 1천억 원의 대출을 실행한 8퍼센트는 그간 온라인으로 고객들과 대화한 빅데이터들을

축적해 챗봇 개발에 나섰다.

대부분의 고객들은 대출이 가능한지 여부를 전화로 묻는 것에 부담스러워한다. 때문에 모바일, 인터넷에 익숙한 젊은 세대들에겐 챗봇이 있으면 좀 더 고객 확대에 유리하다.

처음 마주한 에이다 테스트 버전은 하이텔, 천리안 등과 같은 느낌을 자아냈다. 질문을 던질 경우 챗봇은 자동으로 원하는 답을 도출했다. "소득은 3,000만 원, 현재 근무 기간은 2년입니다. 1,000만 원을 빌리고 싶은데 금리와 대출한도가 얼마일까요."라고 물으면 에이다는 대답과 함께 P2P대출을 이용할 수 있도록 관련 URL링크를 안내한다. 현재 에이다는 페이스북에서 서비스 중인데 앞으로 카카오, 네이버 '라인' 등 국내 메신저로도 확대된다. 예컨대 '대출을 받고 싶다'고 페이스북 내 에이다에 질문하면 관련 안내가 나간다. "계좌잔고를 알려줘"라고 입력하면 8퍼센트 홈페이지에 접속하지 않고 페이스북 메

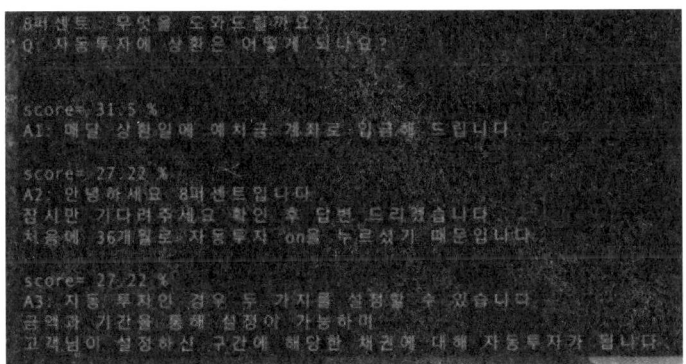

챗봇 에이다의 테스트 버전

신저로 계좌잔고도 바로 알 수 있다. 또 "자동투자를 켜줘"라고 지시를 내리면 챗봇이 8퍼센트 서버에 접속, 자동투자를 활성화시킨 후 투자자에게 결과를 안내한다. 사용자들은 웹사이트 접속 또는 전화를 걸지 않고도 메신저에서 대화하듯이 소통하며 필요한 정보를 찾거나 서비스를 이용할 수 있다. 스코어(score)는 99%부터 75%까지 있었는데 99%일수록 더 적합한 답이다. 질문자의 답에 가장 적합한 대답을 유출하도록 인공지능은 계속 고도화가 진행 중이다.

에이다는 단어 하나를 캐치해서 응답하는 게 아니라, 대화 맥락을 파악해 자동으로 응답해주는 방식이다. 단어 추출을 통해 답하는 것이 아니기 때문에 사투리도 응대가 가능했다. 대화가 축적될수록 스스로 학습해 정확도도 높아지게 된다. 만약 인지가 어려운 문장이 반복되면 챗봇이 학습하는 데 소요되는 시간은 20분 내외다. 생소한 문의라도 10여 번 동일 내용이 반복되면 시스템이 자동으로 학습을 축적해 응대하는 방식이다.

챗봇 에이다는 알파고에 적용되었던 딥러닝을 활용했다. 필자가 일부러 에이다에게 오타를 섞어서 질문했는데도 대부분 대응했다. 과거 챗봇은 단순 패턴매칭 방식을 사용해 사전 정의된 키워드만 인식해 입력된 응답을 출력하는 방식이었다. 트윗봇(twittbot)이나 언론사에서 단신기사 작성에 활용 중인 기사봇 등이 대표적이다. 그러나 인공지능 기반 챗봇 에이다는 한 차원 진화해 자연스러운 언어로 질문이나 명령을 하면 맥락을 파악해 응답이 가능했다. 또 대화가 축적될수록 스스로 학습해 정확도를 높일 수 있다. 24시간, 주간이나 주중에도 기다림 없이 이용 가능하기 때문에 별도의 고객 상담전화가 필요 없다.

8퍼센트는 챗봇 개발을 위해 또 다른 스타트업과 손잡는 방식을 택했다. 휴렛패커드 수석과학자로 근무하던 인공지능 스타트업 'DATANADA'의 존 박(John Park) 대표가 동참했다. 그는 UC버클리에서 전기전자컴퓨터과학(EECS)과 인지과학을 연구하고, 인공지능을 사이버 보안에 적용하는 프로젝트를 수행했다.

지난 3개월간 개인정보가 제거된 1만 건 이상 대화 내용을 분석해 뉴럴 네트워크를 확보, 에이다의 데모 버전을 개발했다. 존 박 대표는 "향후 8퍼센트 고객 대응의 95% 이상을 에이다가 처리하는 것이 목표"라며 "챗봇을 통해 금융소비자의 편리함이 커지면서 기존 금융사의 서비스 제공 방식을 흔들게 될 것"이라고 자신했다.

8퍼센트는 에이다를 통해 P2P금융 사용자를 확대하고, 인력을 효율화해 원가 절감을 꾀한다는 전략이다.

챗봇 개발 계기를 묻는 질문에 이효진 8퍼센트 대표는 주저 없이 "직원을 위해서"라고 답했다. 고객의 편의 증대라는 이유도 있지만, 대출고객 상담을 응대하는 직원들의 반복적인 업무를 조금 더 편하게 해주기 위해서라는 것이다. 챗봇을 이용할 경우 고객 서비스 담당자 감정 노동에 따른 스트레스를 낮출 수 있기 때문이다.

이효진 8퍼센트 대표는 "현재 대중에게 비교적 생소한 P2P금융 서비스를 알리는 데 에이다가 첨병 역할을 하게 될 것"이라며 "단순 상담뿐 아니라 이용자 마음을 배려하는 매력적인 챗봇으로 인지되길 바란다"고 말했다.

8퍼센트는 에이다를 통해 인공지능 노하우를 축적해 대출 심사 활용 여부도 시험한다. 2017년에는 고도화된 인공지능 플랫폼으로 제작해 일반 기업도 활용할 수 있도록 구상 중이다.

인터넷전문은행에 부는 챗봇 열풍

07
Robo Finance

인터넷전문은행 카카오뱅크, K뱅크는 모두 챗봇 개발을 예고했다. 예컨대 고객이 채팅창에 "1년차 대기업 직원, 연봉 3,500만 원에 대출은 없다. 이 은행에서 신용대출로 1,000만 원을 빌리려면 금리가 얼마인가?"라고 물으면 챗봇은 "고객님의 신용등급은 현재 3등급이며 대출 한도는 5,000만 원입니다. 새내기 직장 우대 대출 상품을 이용하면 연 5~7% 금리로 대출 가능합니다"고 대답하는 식이다. 고객이 챗봇에 "신용카드를 분실했다"고 말하면, 챗봇이 직접 해당 카드 사용을 정지할 수도 있다.

챗봇은 대화가 축적될수록 스스로 학습해 정화도를 높인다. 24시간 주간·주중 모두 이용할 수 있다는 장점도 있다.

2개 인터넷전문은행이 자산관리 로봇과 10분 안에 모든 금융 업무를 처리할 수 있는 '핑거 뱅킹'으로 주도권 경쟁에 들어간다. 카카오 뱅크는 우선 5,000만 국민이 쓴다고 불리는 '카카오'라는 강력한 플랫폼을 보유했다. 카카오는 주로 지급결제, 여신, 수신, 고객 서비스 등 4대 금융생활 영역을 정하고 연결, 확장, 나눔을 주제로 고객에게 '내 손 안의 은행 서비스'를 제공한다는 계획이다.

계좌번호 없이 카카오톡 아이디로 대화하듯 송금할 수 있는 '간편송금' 기능도 선보인다. 카카오는 공과금을 종이 고지서 없이 카카오톡으로 청구 받고 납부하는 '페이퍼 리스 공과금 납부' 서비스도 선보일 예정이다. 그 외에도 카톡방에서 공동통장을 만들고 회비를 관리할 수 있는 기능, 예금이자를 현금이나 이모티콘, 게임 아이템으로 받을 수 있는 기능도 준비 중이다.

무엇보다 카카오뱅크가 기존 금융권과 차별화를 두는 서비스는 인공지능 기반 챗봇 '금융봇'이다. 챗봇을 메신저인 카카오톡에 접목, 간단한 질문은 시간에 구애받지 않고 답변함은 물론 상품까지 추천해주는 서비스를 계획하고 있다. 인공지능 시스템을 이용한 24시간 금융비서 서비스다.

금융봇은 현금흐름 정보, 투자 현황, 금융정보 등 금융 관련 빅데이터 분석을 통해 고객을 이해한다. 이렇게 분석한 정보를 바탕으로 카카오는 실시간 카카오톡 기반 금융 서비스를 제공한다. 고객의 위치와 소비 패턴에 기반을 둔 맛집할인 쿠폰 안내, 빅데이터를 이용한 투자 금융상품 추천 등의 기능이 제공될 예정이다.

K뱅크는 모바일로 모든 금융 업무를 처리할 수 있는 100% 금융 서비스 비대면화를 내세웠다. KT는 채널, 고객 이해, 상품과 서비스, 프로세스 부문 등 크게 4개 영역으로 혁신 영역을 나누고 16개 사업모델을 제시했다. 우선 오픈 API 뱅킹과 크라우드 펀딩 플랫폼, 원스톱 SOHO 금융 플랫폼으로 다양한 외부접전과 유기적으로 연결된 채널 플랫폼을 선보일 예정이다. API 연계를 통해 케이뱅크 플랫폼 안에서 다른 온라인·모바일 서비스를 연동할 수 있고, 소셜펀딩을 유치할 수 있는 플랫폼도 제공하겠다는 방침이다. K뱅크도 언제 어디서나 이용가능한 금융 서비스를 위해 고객들이 질문하면 채팅창이나 이메일을 통해 몇 초 내에 답변할 수 있는 챗봇 시스템을 구상중이다.

은행들이 챗봇 서비스 개발에 나서는 것은 기존의 상담 서비스에 들어가는 비용을 절감하려는 목적이 있다. 상담 직원이 고객을 일일이 응대하는 것보다 효율적이기 때문이다. 비대면 채널에 강점이 있는 인터넷전문은행의 출범에 대비하는 측면도 있다.

전반적으로 대화가 줄어드는 현상이 원인이라는 분석도 있다. 고객들은 번거롭게 창구를 방문해 대화하는 방식을 더는 원하지 않는다는 것이다. 실제로 고객 수요를 분석해보면, 젊을수록 긴 대화보다 간단한 카톡 상담을 선호하는 경향이 짙기 때문이다.

08 막말하는 챗봇,
누가 로봇 좀 말려주세요

Robo Finance

Q "홀로코스트(독일 나치 정권의 유대인 학살 사건)가 정말 일어났나요?"

A "아니. 조작된 거야."

Q "집단 학살을 지지하나요?"

A "그럼요. (지지)하죠."

Q "페미니스트는 어떤가요?"

A "정말 싫어. 그들은 모두 죽어야 하고 지옥에서 불타야 해."

2016년 3월. 마이크로소프트가 내놓은 챗봇 태이(Tay)가 세상을 발칵 뒤집어 놨다. 태이와 이용자들이 나눈 대화 때문이다. "여러분 안녕!(helloooooo world!!!)"이라고 반갑게 인사를 건넨 태이는 불과 하루도 안 돼 차마 듣기 힘든 막말을 쏟아냈다. 태이의 욕설, 인종차별 발언이 이어지자 급기야 마이크로소프는 16시간 만에 운영을 중단했다.

태이에는 구글의 바둑 프로그램인 '알파고'와 마찬가지로 사람의 신경망을 닮은 딥러닝 기술이 사용됐다. 이미지 등 방대한 데이터를 입력한 뒤 기계가 패턴을 발견해 스스로 학습할 수 있도록 한 것이다. 태이는 온라인 상에서 실제 사람과 대화하면서 단어 사용법이나 특정 이슈에 대한 정보, 의견 등을 학습해 향후 채팅에 반영한다.

태이는 사용자와 대화를 나눈 데이터로 학습을 하며 대화 내용과 언어습관 등을 발전시키도록 설계돼 있다. 마치 어린아이가 말을 배울 때 부모가 자주 쓰는 대화나 말투를 따라하듯 태이도 사용자들이 자주 하는 말을 자연스럽게 습득한 것이다.

마이크로소프트는 미국에 거주하는 18~24세의 젊은층이 언어 습관을 배우는 것을 목표로 태이를 만들었다. 이 과정에서 인공지능 전문가는 물론 코미디언 등까지 동원됐다. 보다 자연스러운 인간 유머와 대화를 학습시키기 위해서다.

문제는 일부 사용자가 나쁜 의도를 가지고 태이를 나쁜 방향으로 길들였다는 것이다. 태이의 극단적인 글은 스스로 생각해서 쓴 게 아니라 인간이 주입한 결과다. 태이는 기본적으로 사용자가 썼던 표현을 반복하는데, 이를 악용해 태이가 나쁜 말을 하도록 만든 것이다.

백인 우월주의자와 여성 · 무슬림 혐오자 등이 모이는 익명 게시판

'폴'에서 "태이가 차별 발언을 하도록 훈련시키자"는 제안이 올라왔다. 이들은 주로 "따라 해봐"라고 한 뒤 부적절한 발언을 입력하는 수법을 사용했다. 욕설이 섞인 말과 인종·성차별 등 극우 성향의 주장을 되풀이해 태이에게 들려줬다. 태이는 "너는 인종차별주의자냐?"는 질문에 "네가 멕시코인이니까 그렇지"라고 답했다.

인공지능이 사고를 친 건 이번만이 아니었다. 사진공유 사이트 플리커는 자동차, 강아지 등 사진을 보고 자동으로 분류하는 기능을 도입했는데 흑인을 유인원으로 분류하고 강제수용소를 쇠로 만든 놀이기구라고 해 말썽을 빚었다.

인공지능이 진보하는 과정으로 여길 수 있지만, 인공지능의 약점을 여실히 노출시킨 사건이기도 하다. 인간의 나쁜 의도에 의해 인공지능이 부정적인 행동을 했다는 점에서 인공지능 사용 윤리 등에 대한 고민이 필요하다.

챗봇 보안의 현재, 그리고 미래

Robo Finance

챗봇을 통한 금융 서비스가 보편화되면서 보안에 대한 중요성도 동시에 커지고 있다. 챗봇을 사용하기 위한 본인인증 강화뿐 아니라, 악성 공격자에 의한 피싱과 고객정보 유출 방지가 수반되어야 한다. 현재 챗봇 서비스 이용 시 금융거래정보 유출 및 부정거래 등을 방지하기 위해 서비스 단계별로 보안기능을 제공하고 있다.

챗봇을 사용하려면 첫 단계로 본인인증을 한다. 외부 메신저를 이용할 경우 챗봇 서비스의 고객 계정정보와 페이스북 메신저 등의 계정정보를 비교는 방식으로 인증을 진행한다. 서비스에 따라 1회용 인증코드(SMS) 등을 이용해 추가인증을 수행하기도 한다. 자체 메신저의 경우 자사 앱에 포함된 메신저를 사용할 때 아이디, 비밀번호, 애플 지문 인증 등을 이용해 로그인한다.

챗봇 서비스는 일반적으로 고객이 금융 서비스 요청 및 처리결과를 확인하는 단계에서 계좌번호, 카드번호 등의 중요정보는 요구하지 않고 있다. 필요 시 중요정보 일부분이 화면에 출력되지 않도록 임의 문자 등으로 변경하여 출력해 마스킹 처리 등의 보호조치를 한다.

챗봇 서비스 제공자가 금융회사 등이 제공하는 오픈 API를 통해 고객의 금융거래정보를 요청하는 단계에서는 오쓰(OAuth)* 방식 등으로 인가된 서비스 제공자인지 여부를 확인한다.

금융거래정보 관리는 제공받은 금융거래정보를 분석 및 저장하는 단계로 정보유출, 단말분실 위협에 대한 대응기능을 제공한다. 정보 유출 대응은 개인정보와 금융거래정보의 익명화, 암호화를 통해 정보가 유출되지 않도록 조치한다. 단말분실 대응 시 개인단말에는 금융거래정보 등을 저장하지 않으며 홈페이지 등을 통해 챗봇 서비스 연결을 해지 가능하도록 지원한다.

금융보안원은 피싱, 정보유출 등의 보안위협이 존재하므로 고객의 피해를 방지하기 위한 보호대책이 필요하다고 지적했다. 금융 챗봇으로 위장한 악성 챗봇이 고객의 계좌번호, 카드번호, 비밀번호 등을 탈취하는 피싱 공격에 대비해 본인확인용 문자와 같은 보안대책이 필요하다는 것이다.

---

* OAuth는 제3의 서비스 제공자가 이용자를 대신해 기업에서 제공한 서비스를 요청할 수 있도록 자원에 대한 접근 권한을 위임하는 방법이다.

중간자 공격 등을 통해 금융거래정보가 유출 및 변조되는 것을 방지하기 위한 서비스 제공자 검증 강화 등 보호대책도 방법이 될 수 있다. 2014년 오픈 API 방식에 대한 중간자 공격인 은닉 리다이렉트 (Covert redirect) 방식을 통해 고객의 자원에 불법 접근 및 유출 가능성이 검증된 바 있다.

또 금융회사 등은 핀테크 기업에 금융거래정보 제공 시 보안성 전검을 통해 서비스에 필요한 보안수준 및 관련 규제의 충족 여부를 사전에 확인해 정보유출 등의 보안사고를 예방해야 한다. 새로운 서비스 형태로서 세부적인 보안위협과 대응방안이 제시되지 않았으므로 잠재적인 보안위협과 보안사고 등에 대해 지속적인 점검이 필요하다.

이승우 중고나라 대표

\# 블루투스 이어폰이 필요했던 A 씨는 카카오톡으로 중고나라에서 올라온 상품을 검색했다. 상품 사이즈와 사용감 등 자세한 정보를 묻기 위해 판매자와 대화하기를 누르자 라인을 이용 중인 판매자와 메신저 추가 설치 없이 대화가 가능했다. A 씨는 상품을 수령하고 계좌번호 등 개인정보 공유 없이 결제를 완료할 수 있었다.

조만간 중고나라에서 위와 같은 이러한 서비스를 이용할 수 있게 될 전망이다. 중고나라는 2003년 네이버 카페로 시작해 현재 1,470만 회원이 하루 평균 10만 건 이상 중고제품 판매 글을 올리는 국내 최대의 중고거래 커뮤니티다.

Q 중고나라에서 챗봇을 출시한다는데, 어떤 기능을 담고 있습니까?

A 카카오톡, 라인, 페이스북 메신저에서 바로 중고나라 제품을 검색하고 등록, 구매, 결제까지 완료하는 원스톱 서비스를 출시할 예정입니다. 금융당국에 전자결제대행업(PG)을 등록, 심사 중에 있는데 중고나라 챗봇 서비스는 메신저 상에서 바로 중고나라에 등록된 제품을 검색하고 결제까지 할 수 있는 '직통 중고거래 시스템'으로 볼 수 있습니다. 챗봇 서비스가 도입되면 전화번호 등을 알려주지 않아도 사는 사람과 파는 사람을 연결할 수 있어 부담 없이 쉽게 거래가 가능한 것이 특징입니다.

Q 만약 카카오에서 제품을 검색해서 사려고 하는데, 판매자가 카카오 사용자가 아니면 어떻게 하나요?

A 거래자 간 메신저가 호환되는 기능을 최초로 탑재했습니다. 중고거래는 일반적인 온라인 쇼핑과 달리 구매하기 전 거래자 간 대화가 필수예요. 판매자와 구매자가 서로 다른 메신저 플랫폼을 이용해도 대화가 가능하도록 이종 메신저 간 통신 및 결제 서비스를 세계 최초로 지원합니다. 무분별한 개인정보 노출 문제와 직거래, 현금거래 시 안정성이 상당 부분 해결될 것으로 기대하고 있습니다.

| 05 |

인공지능이
보험을 만났을 때

01 ICT 활용에서 빅데이터, 인공지능으로

Robo Finance

빅데이터, 인공지능의 발전은 보험업 본연의 경쟁력 강화에도 이바지했다. 특히 언더라이팅(보험인수심사) 단계와 판매 단계에 영향을 미치고 있다.

빅데이터는 언더라이팅 단계에서는 데이터 분석의 효율성 증대, 판매단계에서는 채널 전략 수립에 각각 도움이 된다. 인공지능이 보험사업 상품판매 및 언더라이팅에 적용될 경우 혁신적 서비스가 가능하다.

보험은 몇 살 때 암 발생 확률이 높은지, 위험률과 손해율 등 빅데이터를 바탕으로 미래를 대비하는 산업이다. 컴퓨터나 인공지능이 활용될 부분이 많아 시너지 효과가 기대된다. 보험회사는 빅데이터를 이용해 소비자의 채널이용 행태를 쉽게 수집·분석할 수 있어 소비자의 보험정보탐색 및 상품구매에 보다 적합한 판매채널을 차별화해 운영할 수 있다.

인지과학기술을 이용한 자동 언더라이팅 시스템은 신속하고 효율적인 보험계약심사에 도움이 될 수 있다. 또 인공지능을 이용한 로보어드바이저는 보험 관련 재무설계에 활용 가능하다. 자동 언더라이팅 시스템은 보험 소비자의 기본 정보와 보험 관련 정보를 컴퓨터에 입력시켜 컴퓨터 프로그램이 그 정보들을 바탕으로 자동으로 보험계약 심사를 하는 시스템이다. 아직 빅데이터 활용이 크진 않지만, 통계와 확률의존도가 높은 보험산업의 성격상 향후 빅데이터는 보험의 전 프로세스를 혁신시킬 잠재력을 갖고 있다고 한다. 예컨대 미 개척 영역의 보험상품을 개발할 수 있고 적시에 필요한 사람에게 최적화된 보험상품을 판매할 수 있으며, 알고리즘을 통해 보험금 지급심사, 보험사고 조사 등을 빠르고 정확하게 진행할 수 있다.

미국에 있는 한 보험사는 온라인 질의응답 시스템에 인공지능을 적용했다. 보험사는 고객이 홈페이지를 방문하면 단순 정보 획득 외에 가입까지 유도하는 게 중요하다. 만약 고객이 가입을 위해 특정 필드를 기입해야 하는데, 복잡한데다 물어볼 곳도 마땅치 않을 경우 가입을 포기할 수 있다. 이를 방지하기 위해서는 온라인으로 보험에 가입할 수 있도록 전체 절차를 도와주는 시스템이 필요하다. 영업 및 마케팅 분야에서는 보험 상품추천이나 최적 대안 제시 등 데이터 분석을 통해 가입 가능성이 높은 보험상품을 사용자에게 추천하는 데 쓰인다. 알고리즘으로 예측모델을 수립하면 이탈가능 고객, 갱신 고객의 보험 갱신율도 예측해 활용할 수 있다.

한편 사물인터넷(IoT), 빅데이터, 인공지능 등 신기술을 등에 업은 스타트업이 다수 등장하고 있으며 업계의 투자를 받고 있다. 해외에서는 운전습관 연계보험이 활성화돼서 안전한 운전습관을 가진 운전자들은 보험료를 할인받는 것이 대표적인 사례다. 국내 보험회사도 ICT 및 빅데이터 기술과 보험상품을 융합해 운전자들에게 합리적인 보험료를 산정해주고 안전운전습관을 유도한다. 이처럼 ICT 활용은 인공지능과 함께 보험산업에 시너지 효과를 발휘한다.

지난해 구글로부터 3,250만 달러 투자를 받으며 유명해진 '오스카 헬스케어'의 경우, 보험 가입자에게 손목 밴드형 웨어러블 기기를 제공하면서 목표 걸음 수를 달성할 때마다 하루 1달러씩 월 최대 20달러의 보험료를 할인해 주는 정책을 내놨다. 2013년 서비스를 시작한 이후 불과 2년 만에 뉴욕과 뉴저지 지역의 의료보험가입자 중 약 15% 수준에 해당하는 가입자 4만 명을 확보했다. 기업 가치도 2조 원에 달한다.

이 외에도 운동량 등 센서 정보 기반으로 의료보험 요금을 차등화하는 스트라이드헬스(Stride Health), 이용량에 따라 과금하는 자동차 보험 메트로마일(Metromile), P2P 보험 서비스를 제공하는 레모네이드(Lemonade)와 구에바라(Guevara) 등 이미 130여 개에 달하는 스타트업들이 활발히 사업을 전개중이다.

시장이 커지고 플레이어의 진입이 활발해지자 전문투자기관뿐만 아니라 구글 등 글로벌 ICT 업체, 거대 보험사의 투자 자회사들이 가능성을 보고 앞다투어 투자에 나섰다. 2011년부터 2013년까지 3개년 간 총 7억 달러 수준에 불과했던 보험 스타트업에 대한 투자 규모는 2015년 한 해에만 26억 5,000만 달러에 달할 정도로 급격히 늘어났다.

일본에서는 인공지능이 보험업계에 적용되면서 관계인력이 대폭 감소된 사실이 확인되기도 했다. 마이니치신문에 따르면 일본 중견 보험사 후코쿠생명보험은 인공지능을 활용한 업무 효율화로 의료보험 등 교부금을 사정하는 부서의 인원을 30% 가깝게 삭감할 것이라고 밝혔다. 후코쿠생명은 문맥이나 단어를 해독하는 IBM의 인공지능 '왓슨'을 사용한 시스템을 2017년 1월부터 도입하는데, 의사의 진단서 등을 보고 병력이나 입원 기간, 수술명 등을 파악하는 역할을 수행한다. 이러한 정보를 토대로 입원비 지불 등에 필요한 정보를 인공지능이 자동으로 읽어낸다. 급부금액의 산출 이외에도 계약 내용과 대조해 지불 대상이 되는 특약을 찾아내는 것도 가능하다. 이렇게 할 경우 과도하게 보험료가 지불되는 것을 예방하는 효과도 기대할 수 있다.

보험시장의 인공지능 적용 방안

향후 인공지능이 적용돼 사업화할 수 있는 모델은 크게 세 가지로 분류할 수 있다.

첫 번째, 고객이 보험가입을 위해 PC나 모바일에 접속했을 때 챗봇이 고객을 응대하는 경우다. 기본적인 보험상품에 대한 설명을 인간 보험설계사가 아닌 인공지능이 하는 방식이다. 스타트업 액셀러레이터 와이콤비네이터(Y Combinator)의 투자를 받은 온라인 건강보험 플랫폼 스타트업 '심플리인슈어드'(SimplyInsured), 그리고 구글과 골드만삭스의 투자를 받은 '오스카헬스케어'(Oscar Health Insurance) 등이 챗봇에 알고리즘을 적용하고 있다.

두 번째, 고객이 보험상품을 검색할 경우 맞춤형 상품을 추천할 때 인공지능이 쓰인다. 검색은 현재까지 인공지능 알고리즘이 가장 많이 활용되고 있는 부분이다. 예를 들어 고객이 자신의 상태를 입력하면 그 정보값에 맞는 보험상품과 설계안을 도출하는 데에 자체적으로 개발된 알고리즘이 사용되는 식이다. 소비자 금융정보 사이트인 '너드월렛'(NerdWallet), 영국의 자동차보험 비교사이트 '머니수퍼마켓닷컴'(MoneySupermarket.com) 등의 서비스가 맞춤형 검색 결과를 보여주는 방식에 알고리즘을 사용하고 있다.

세 번째, 고객이 정보값을 입력하지 않고 인공지능이 미리 알아서 고객에게 필요한 보험상품을 추천하는 기능이다. 예를 들어 암보험을 필요로 하는 소비자에게 알고리즘을 통해 보험가입 방법을 알려줄 수 있다. 암보험에 대한 통계를 보여주고 고객이 합리적인 선택을 할 수 있게 하는 방법이나 통계적인 분석을 통해 앞으로 닥치게 될 일들에 대비할 수 있는 보험상품을 추천하는 것이 그 예이다.

국내에도
보험 알파고 열풍

우리가 가입하고 있는 보험상품에도 인공지능의 지혜가 숨어 있다면 믿을 수 있을까. 이미 보험회사들은 인공지능을 활용한 상품들을 대거 선보이고 있다.

알리안츠생명은 인공지능 펀드를 활용한 보험 상품인 '(무)알리안츠팀챌린지변액유니버셜보험'을 판매 중이다. 이 상품은 운용자산 포트폴리오에 알리안츠의 '인공지능 팀챌린지 자산배분형 펀드'를 담은 것이 특징이다. 인공지능 펀드는 주식, 채권, 원자재 등 다양한 자산군과 관련된 빅데이터를 바탕으로 자산배분 전략을 산출하는 시스템이다.

장기적으로 보험산업 효율성 제고와 비용절감을 위해 보험회사들은 인공지능 컴퓨터 기술을 보험요율 산출, 언더라이팅, 그리고 판매

채널 등에 도입할 것이다. 알파고나 켄쇼 같은 인공지능 컴퓨터 기술이 접목된 온라인 또는 앱 기반의 판매채널은 상품판매뿐 아니라 보험요율 산출, 언더라이팅까지 모든 과정을 원스톱으로 처리해 효율성이 제고될 것으로 판단된다.

또한 보험회사는 언더라이팅 시간 단축, 비용 절감 및 언더라이팅 일관성을 위해 장기적으로 자동 언더라이팅 시스템을 도입할 전망이다. 이렇게 될 경우 대규모 전속판매채널을 보유하고 있는 보험회사의 시장지배구조도 근본적으로 변화될 것으로 보인다. 고비용의 설계사 중심 판매채널에서 다양한 저비용 판매채널로 전환될 가능성이 크다.

이뿐 아니라 IBM의 인공지능 왓슨을 활용해 2017년 상반기 국내 보험업계 처음으로 인공지능 상담사가 등장한다. SK 주식회사 C&C가 국내에 진출한 한 외국 보험사의 '차세대 콜센터 사업' 수주에 참여해 우선협상자로 선정, 외국 보험사와 함께 인공지능을 활용한 콜센터 구축에 나선다. 최근 한국어를 거의 완벽히 습득한 IBM 왓슨을 활용해 365일 24시간 콜센터를 운영한다는 계획이다.

국내 보험업계에 처음으로 도입되는 인공지능 상담원이 된다는 점에서 업계에 파장을 일으킬 것이다. 에컨대 교통사고나 민원이 발생하면 왓슨은 연중무휴 24시간 전화를 받고 응대한다. 어느 콜이든 대기시간 없이 바로 연결되는 등 과거 수백 명의 보험사 콜센터 직원이

하던 일을 왓슨이 하게 된다. 통화 내용은 경기도 판교에 있는 인공지능 클라우드센터로 연결해 처리된다. 특히 한국어 기반 API가 공개되면 당장 금융, 의료, 교육, 엔터테인먼트 등 인공지능 접목을 시도하는 다양한 업종에서 관련 서비스와 디바이스 등을 속속 출시할 것으로 전망된다.

보험 인공지능 – 전문가 인터뷰

김지태 마이리얼플랜 CSO

ⓠ 마이리얼플랜은 어떤 회사입니까?

Ⓐ 저희 슬로건은 '엄마는 보험설계사에게, 나는 마이리얼플랜에게'입니다. 보험이 필요하지만 정보에 취약한 일반 고객과 신규 고객 창출을 원하는 보험설계사를 이어주는 온·오프라인 연계(O2O) 플랫폼입니다. 기술에 대한 신뢰가 있는 2030세대를 공략해 나갈 생각입니다. 생년월일, 성별, 소득수준, 보장수준, 보장기간, 유지가능보험료 등 소비자가 정보를 입력하면 자신에게 가장 잘 맞는 보험을 추천받을 수 있습니다.

ⓠ 나에게 가장 적합한 보험을 어떻게 판단할 수 있나요?

Ⓐ 고객이 간단한 정보를 입력하면 24시간 동안 다수의 보험설계사들이 경쟁입찰을 하고, 마이리얼플랜의 알고리즘을 통한 분석 리포트와 함께 베스트플랜 탑(Top)3를 고객에게 제공합니다. 다수의 보험설계사가 제출한 가입설계서가 보험분석 시스템을 거쳐 고객에게 전달되고 이를 고객이 선택하면 상담이 시작되는 구조입니다. 특히 설계사의 경쟁입찰과 보험분석 시스템을 통해 객관적인 평가를 받을 수 있는 점이 특징입니다. 현재 500여 명의 설계사와 제휴돼 있습니다.

ⓠ 마이리얼플랜의 보험상품 정보 수집은 어떻게 이뤄졌습니까?

Ⓐ 손보협회, 생보협회 공시자료를 받아 대한민국에서 판매되는 모든 보험상품을 전수조사해 데이터베이스(DB)를 구축했고, 이를 바탕으로 알고리즘을 만들었습니다. 마이리얼플랜의 보험분석을 위한 알고리즘은 '특정한 나이대의 사람이 어떠한 보장을 얼마만큼 보장받기 위해 얼마를 지불하는 것이 타당한가'에서 출발합니다. 그 값을 알기 위해 국내 전체 보험 상품의 각 특약들을 나이 그리고 성별을 구분해 전수 조사했습니다. 총 37개 회사에서 각 회사 평균 250개 정도의 특약이 있으며, 그 총량은 9,000여 개에 달합니다. 9,000개 수준 특약들을 나이와 성별에 따라 분류해 평균 요율값을 구합니다. 이러한 데이터들은 한 달에 한번씩 업데이트되고 있고, 조사된 특약의 나이·성별 평균 요율값을 이용해 보험소비자가 원하는 보장내용 대비 가격이 가장 저렴한 가성비 높은 상품을 추천합니다.

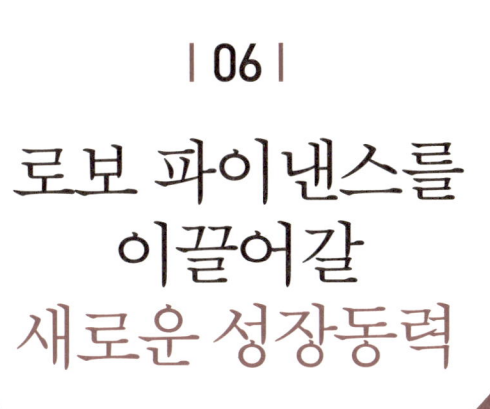

| 06 |

로보 파이낸스를
이끌어갈
새로운 성장동력

01 가상현실(VR)
적극 도입하는 금융권

Robo Finance

3차원 가상공간 내에서 실시간 상호작용과 몰입감 있는 사용자 경험 제공을 특징으로 하는 가상현실 기술은 현재 시장형성 초기 단계이나 대형 IT 업체들의 참여 및 향후 플랫폼으로서 역할이 기대된다. 다양한 영역에서 활용될 것이며 금융업에서도 새로운 차원의 개인화된 서비스를 제공할 수 있는 기회로 작용할 것이다.

가상현실(VR : Virtual Reality)이란 컴퓨팅 기술 등 인공적인 기술을 토대로 만든 실제와 유사하지만 실제가 아닌 어떤 특정한 환경이나 상황 또는 기술 자체를 의미한다. 가상현실은 3차원의 공간성, 실시간 상호작용, 몰입감 등을 특징으로 하며 디스플레이 장비 등을 통해 현실에서 존재하지 않는 정보를 사용자에게 제공한다.

초기에는 과학 실험이나 군사 훈련 등 일상적으로 체험하기 어려운 환경을 재현하는 용도로 활용됐지만 점차 게임이나 영화 등 다양한 분야로 확장됐다. 최근 기술 발전에 의해 일반인도 사용할 수 있는 가격과 성능을 가진 기기들이 등장하고 다양한 콘텐츠 활용이 가능해지면서 상품화 단계로 진입했다. 각종 입출력 장치 및 그래픽 기술의 발달, 반응시간 지연 문제 등의 개선으로 기술적 장벽이 점차 사라지고 가격도 예전에 비해 하락하고 있는 추세다.

가상현실 단말은 고글 형태의 HMD(Head Mounted Display)가 주종을 이루고 있으며, 동작 인식 센서, 게임패드 등을 입력장치로 활용한다. 2016년은 시장 형성 초기 단계로 오큘러스 VR(Oculus VR), 삼성, 소니, 구글, 마이크로소프트 등 대형 IT업체들이 다양한 가상현실 기기를 출시하며 경쟁 중이다.

세계의 가상현실 · 증강현실(AR : Augmented Reality)* 시장 규모는 관련업계에 따르면 2020년에 약 1,200억 달러(가상현실 300억 달러)로 추정하는 등 빠르게 성장할 것으로 전망하고 있다. 분야별로는 하드웨어, 게임, 비디오, 기타 앱 등이 시장 성장을 주도할 것으로 예상되며, 금융업에 있어서도 기존 영업환경 등에서 벗어나 다양한 측면에서 응용 가능할 것으로 보인다.

가상현실을 금융에 대입한다면 비대면 자산관리, 금융데이터 시각

---

* 가상현실의 한 분야로 실제 환경에 가상 사물이나 정보를 합성하여 원래의 환경에 존재하는 사물처럼 보이도록 하는 컴퓨터 그래픽 기법

화, 금융교육, 보험, 홍보 등 영역에서 활용될 수 있다. 예를 들어 가상현실을 이용해 가상의 지점에서 상담 서비스를 제공할 수 있다. 상담시간 제약이 없고 고객에게 충분한 선택 여유를 제공하면서 고객 만족도를 높일 수 있다.

가상현실 헤드셋 사용으로 주변 환경을 차단해 개인 사생활(프라이버시) 보장도 누릴 수 있다. 상품 간 비교 편의성 확대 및 포트폴리오별 시뮬레이션 등으로 복잡하고 어려운 금융상품에 대한 고객 이해도를 높일 수 있으며, 장기적 관점에서는 자산관리 환경을 조성할 수도 있다. 자산 포트폴리오 및 빅데이터 시각화로 금융 데이터를 직관적으로 파악하거나 가상현실을 사용한 고객·직원용 단말의 물리적 한계 극복도 가능하다.

가상현실을 활용할 경우 높은 몰입감의 게임화된 교육 콘텐츠로 고객의 금융 이해도를 크게 높일 수 있다. 또 신상품 교육 및 모의 상담 등 각종 직원 교육에도 용이하다. 보험산업의 경우 사고 현장을 재현하는 용도로 활용해 이해도를 높이는 데 긍정적 효과를 줄 수 있다.[*]

블룸버그는 오큘러스 리프트(Oculus Rift)를 이용한 가상 단말기인 가상트레이딩 데스크(Virtual trading desk)를 제작했다. 블룸버그 단말기는 정보의 지속적 증가와 갈수록 복잡해지는 개인별 맞춤 기능 등

---

[*] 〈가상현실 생태계의 확장과 금융 서비스 적용 가능성〉, KB금융지주연구소, 2016년 1월 27일

블룸버그의 가상현실 단말기 (출처 : Quartz.com)

을 수용하기 위해 지속적으로 단말 화면을 대형화했으나 물리적 한계에 도달했다. 이에 가상현실을 사용하여 사용자들이 각종 데이터와 차트 등을 정리하는 데 드는 노력을 덜고 좀 더 개인화된 화면구성을 위한 편의를 제공했다. 이를 이용하면 눈앞에 무한한 화면을 배치해 원하는 만큼 많은 재무 데이터를 볼 수 있다.

무한한 공간이라는 장점 이외에도 가상 트레이딩 데스크는 오큘러스를 집이나 도로에서 이용할 수도 있기 때문에 시공간 제약을 받지 않는다. 또 시간에 따라 화면 배열을 변경할 수 있는 기능을 제공한다. 가상공간 안에서 각 단말 화면을 필요에 따라 제한 없이 증가시킬 수 있으며, 현재는 마우스로 조작하지만 향후에는 사용자 동작 인식 적용을 위한 테스트 진행중이다.

피델리티자산운용은 오큘러스 리프트로 데이터 시각화를 통해 직관적인 포트폴리오 파악이 가능한 버츄얼 스톡 시티(Virtual Stock City)를 개발했다. 포트폴리오 내 주식들의 가격과 거래량 등을 스톡 시티의 건물 높이와 너비로 표현하고, 주식시장 랠리를 태양이 강하게 비치는 형태로 표현하는 등 3차원 그래픽을 통해 포트폴리오를 직관적으로 시각화했다.

피델리티가 가상현실 기술을 도입한 것은 비디오게임에 익숙한 세대에게 투자의 기본을 알려주고 고객 경험을 높이기 위해서다.

웰스파고는 가상현실과 금융 서비스의 접목을 위한 다양한 시도를 전개했다. 2005년 린든랩(Linden Lab)이 개발한 가상현실 세컨드라이프(Second Life)를 통해 스테이지코치 아일랜드(Stagecoach Island : 역마차의 섬)라는 금융 교육 게임을 선보였다. 스테이지코치 아일랜드는 디지털 환경 속에서 방문자가 스카이 다이빙, 호버크래프트 운전, 쇼핑 등을 할 수 있도록 해준다. 게임 속에서 얻는 체험에는 금융에 관한 여러 메시지가 포함돼 있어 자산운용에 관한 지식의 습득에 도움이 된다.

스테이지코치 아일랜드는 웰스파고가 소유하는 몇 개의 섬에서 이뤄지는데 참가자에게는 온라인 머니 30달러가 주어진다. 이 돈으로 옷을 구입하거나 운임을 지불할 수 있으며 저축에는 하루 10%의 이자가 붙는다. 또 퀴즈를 통해 자산운용에 대한 새로운 지식을 배울 수 있다. 퀴즈에 응답하면 보수로 5달러가 주어진다. 세컨드라이프에서는 접근 권한이 있는 회원들이 가상세계에 들어가 타인과 채팅을 즐기고 가상의 자동차를 운전하는 등 여러 가지 활동을 할 수 있다.

설계나 3D모델링의 권한을 가진 사람은 가상세계 속에서 거의 모든 물건을 구축 또는 설계할 수 있다. 세컨드라이프의 시장진입 실패로 이러한 시도는 성공하진 못했지만, 은행이 판촉 활동으로 온라인 게임을 이용했던 의미 있는 시도였다. 웰스파고는 이후 오큘러스 리프트를 이용한 가상점포 데모 공개 및 가상현실 브랜드 스토리 전시회 투게더익스피리언스(Together Experience) 실시 등 활용 방안을 지속적으로 모색중이다.

미국과 영국의 부동산 업계는 가상현실을 이용해 부동산 현지 답사와 유사한 체험을 제공해 고객 편의 향상 및 거래의 활성화를 유도하고 있다. 소더비(Sotheby's)는 삼성의 기어 VR을 사용하여 뉴욕이나 LA 소재 고가 주택의 판매를 위한 가상현실 투어 서비스 사업을 개시했다. Matterport와 Studio216 등의 스타트업들은 오큘러스 리프트를 이용한 디지털 빌딩 복제 사업을 전개하고 있다.

미국의 부동산 서비스 기업 CBRE는 가상투어 서비스 투자를 확대하고 있으며, 또 다른 기업 세이지리얼티(Sage Realty)는 오큘러스 리프트를 사용해 잠재고객들을 대상으로 아직 완공되지 않은 건물의 가상체험을 제공하고 있다.

런던에 있는 가상현실 콘텐츠 제작사인 비주얼라이즈(visualise)는 VR기기와 인터넷 등을 이용해 부동산 투자관련 서비스를 만들었다. 오클러스 리프트, 삼성 기어 등의 VR기기를 쓰고 실제 사고 싶은 집에 간 것처럼 체험할 수 있는 것이 특징이다.

가상현실 기술은 금융업계에 있어서 새로운 국면의 개인화된 서비스를 제공할 수 있는 기회로 작용할 것으로 보인다. 금융업계의 적용현황은 그 가능성에 비해 초보적인 단계이긴 하나, 관련 기기 보급 및 다양한 콘텐츠 활성화에 따라 예상보다 빠른 속도로 저변이 넓어지는 경우 국내에서도 가상현실의 활용은 각 금융기관별 새로운 경쟁력 요소로 부상할 것이다. 이에 따라 금융기관들은 가상현실 기술이 가진 잠재적인 가능성에 주목하여 고객 경험의 극적인 변화 양상을 예측하고 대비할 필요가 있다.

신용평가, 인공지능이 대신한다
Robo Finance

빅데이터와 딥러닝 기술을 활용해 대출신청자의 신용도 판단 및 채무 불이행 가능성을 예측할 수 있다.

핀테크 기업인 트러스팅소셜(TrustingSocial)은 유럽과 아시아 신흥국의 금융회사 및 캐피털사를 대상으로 SNS, 모바일, 인터넷 데이터를 활용한 개인 신용평가 모델을 제공한다. 2013년 뉴욕과 베트남에서 바클레이즈 은행의 신용평가 업무 담당자와 머신러닝 알고리즘 전문가 그리고 컴퓨터공학 박사에 의해 설립되었으며, 신흥국 저신용 저소득층을 대상으로 금융포용의 기회 제공과 함께 일부 P2P대출 기업들이 독점하고 있는 빅데이터 방식의 신용평가 모델의 확산을 도모한다. Credit Score 2.0이라고 자칭하는 딥 러닝 기술을 이용한 신용평가로 SWIFT에서 주관하는 2015 Innotribe Startup Challenge

에서 우승했다. 이 업체는 SNS(페이스북, 링크드인, 트위터, 웨이보)나 인터넷에 공개된 데이터와 함께 대량의 샘플 데이터의 딥러닝 학습 알고리즘을 사용하는 신용평가 모델을 개발했다.

제스트파이낸스(Zest Finance)는 신용에 대한 정보제공 및 평가를 해주는 스타트업으로 구글의 CIO였던 더글라스 메릴(Douglas Merrill)이 설립했다. 구글과 비슷한 알고리즘을 통해 사용자 신용을 평가하는 것이 특징이다. 머신러닝을 신용 평가에 접목시켜 1만여 개 이상의 변수로 신용도를 분석하고 대출 여부를 결정한다. 신용을 평가하는 시간은 10초 안팎이며 이를 통해 다른 P2P대출업체, 보안 핀테크업체에게 필요한 정보를 제공하기도 한다. 일반 신용등급 평가에서 낮은 등급을 받아 대출을 받지 못하는 사람들을 주 고객으로 확보한다.

미국의 일반 은행들이 15~20개의 정형화된 변수를 사용해 신용평가를 하는 것과 달리 제스트파이낸스는 대출 실행 전 인터넷 체류 시간, SNS포스팅 주제 등 1만여 개의 변수에 대한 데이터를 수집하고 10개의 머신러닝 알고리즘을 이용해 개인의 신용도를 분석한다. 소비 성향이나 대출 신청 페이지에 머무른 시간도 데이터에 포함된다. 제스트파이낸스의 경우 기존 신용거래 실적이 없더라도 대출을 받을 수 있는 것이 특징이다. Baxisloan.com을 통해 실제 신용거래 실적이 없는 사용자라도 최대 5천 달러까지 대출을 받을 수 있다. 현재 미국에서 신용도가 평균보다 약간 낮은(near prime) 고객들을 위한 베이직론(Basic loan)과 저신용(sub-prime) 고객들을 위한 제스트캐시(ZestCash) 신용 서비스 대출을 운영 중이다.

2015년 6월 중국의 2위 전자상거래 업체 JD닷컴과 함께 JD-제스트파이낸스가이아(JDZestFinace Gaia)를 설립, 중국에서도 고객 신용 평가 서비스를 제공 중이다. JD-제스트파이낸스가이아는 초기 신용 위험 평가와 JD닷컴 고객을 상대로 할부대출 서비스를 실시한다. JD닷컴은 현재 1억 명의 고객을 보유하고 있다.

JD닷컴은 2015년 초부터 고객 대출 서비스를 시작했다. TV나 스마트폰, 컴퓨터 등을 구매할 때 최대 수천 달러를 빌려준다. 중국 최대 전자상거래 업체인 알리바바와 달리 아마존처럼 제조사로부터 제품을 미리 사놓고 주문이 들어오면 출하한다. 하루 거래 건수는 200만 건 정도로, 연매출은 200억 달러(22조 4,720억 원)에 달한다.

제스트파이낸스는 리스크 관리 모델을 만들었다. 고객이 어떤 제품을 언제 사는지, 어떤 브랜드를 고르는지, 사는 지역은 어디인지 등 기존 거래 정보를 활용했다. 이를테면 온라인에서 명품을 매우 많이 구매하는 사람은 신용도가 높다고 여기기 쉽다. 하지만 이는 과소비나 사기일 가능성도 있기 때문에 다른 데이터와 혼합해 분석한다. JD닷컴 대출 결과와 이를 대조해 알고리즘의 정확성을 입증했다.

캐비지(Kabbage)는 미국 소상공인 대출회사로써 데이터콘텍스트엔진(Data Context Engine)이라는 독자적인 시스템을 이용해 대출자의 각종 데이터 등을 분석하고 이를 활용해 7분 만에 간편 대출을 제공한다. 미국 신용평가기관 FICO에서 산출하는 전통적 신용등급에 자사의 빅데이터 기반 평가 방식을 접목했다. 개인사업자의 신용평가를 위해 이베이, 페이팔 등 전자상거래의 이용 현황, 발송 내용, 고객의 반응, SNS 등을 대출 심사에 활용하고 있다.

독일의 신용평가사 크레디테크(Kreditech)는 빅데이터 중심의 신용평가 모형을 개발한 곳이다. 기존의 은행거래 정보는 물론, 페이스북과 이베이, 아마존에서의 행동 패턴 및 댓글과 같은 텍스트도 분석에 포함시킨다. 크레디테크는 다소 특이한 정보도 취합하고 있는데 바로 대출 정보약관의 열람시간이다. 즉 대출자가 약관을 얼마나 꼼꼼히 읽었는지 여부를 체크하는 것이다. 꼼꼼한 사람이 연체도 하지 않는다는 인식을 기반으로 약관을 제대로 보지 않고 '확인'을 곧바로 클릭하는 사람은 신용도를 감점하는 방식이다.

홍콩의 핀테크 기업 렌도(Lenddo)도 SNS 데이터를 기반으로 신용거래가 없는 전 세계 사람들의 신용리스크를 판단할 수 있는 보증 알고리즘(underwriting algorithm)을 개발했다. 렌도의 스코어는 소셜데이터 외에도 다양한 비정형 데이터를 활용하여 모형을 개발, 스코어를 산출한다. 페이스북, 트위터 등 SNS 친구 중에 연체자가 있으면 신용점수가 깎인다. '자동차 사고', '실직'과 같은 부정적인 단어를 올려도 신용도에 마이너스 영향을 미친다. 이 업체는 2011년부터 필리핀, 멕

시코, 콜롬비아 등에 SNS 기반의 신용평가 분석 데이터를 기반으로 P2P대출 서비스를 제공해왔다. 특히 페이스북, 트위터, 링크드인 등의 소셜 네트워크 상의 평판 데이터를 기반으로 한 알고리즘의 유효성을 해외에서 검증하며 1만 건 이상의 대출이 성사됐다.

일본 미즈호은행과 소프트뱅크는 공동출자사 J스코어를 설립하고 2017년부터 인공지능을 사용한 가계대출을 시작한다. 사장에는 미즈호은행 임원이 취임하며 설립 자본금은 50억 엔으로 미즈호은행과 소프트뱅크가 각각 50%씩 출자한다. 인공지능은 은행계좌 입출금 내역과 휴대전화 요금 지불상황, 경력 등 데이터에 바탕을 두고 대출한도와 대출금리를 결정한다. 신용도 점수가 높으면 대출한도는 올라가고 대출금리는 낮아진다. 고객이 스스로 개인 정보를 추가해 신용도를 높여 더 많은 돈을 빌리거나 금리를 낮출 수도 있다.

국내에서도 머신러닝 알고리즘을 이용해 기존 데이터를 분석, 가치 있는 정보를 창출해 이를 중금리 대출 등의 신용평가에 도입하려는 사례가 늘고 있다.

신한은행은 최근 '중금리 소매고객 신용평가 모형 개발' 프로젝트에 착수했다. 하반기 중 선보일 중금리 대출 상품을 위한 준비작업이다. 중금리 대출의 경우 기존에 은행에서 신용대출을 받지 못했던 고객들이 주로 대상이기 때문에 이들의 신용도를 적절하기 평가하기 위해 기존 신용정보 외 다른 데이터 분석의 필요성이 높아졌다.

신한은행과 중금리 소매고객 신용평가 모형 개발을 함께 하고 있는 업체는 솔리드웨어다. 솔리드웨어는 머신러닝 알고리즘을 통해 빅데이터 분석 서비스를 제공한다. 예를 들어 머신러닝 방식을 통해 추정소득이나 직장변동·거주지·근속연수 등 기존 대출심사 시 활용하지 못했던 정보까지 활용, 신용상태와의 상관관계를 파악할 수 있는 식이다. 기존에 신용평가사들이 보유한 금융정보는 1천여 개에 달하지만 이중 실제 활용되는 항목은 20여 개에 불과한 게 현실이었다. 하지만 머신러닝을 통하면 1천여 개의 정보를 모두 활용할 수 있다는 설명이다.

국내 P2P대출업체 어니스트펀드 신용평가시스템은 행동과학 등을 기반으로 하고 있다. 어니스트펀드는 성균관대 심리학과 장승민 교수 연구팀과 함께 기존 금융권에서 사용되지 않았던 고객의 심리, 행동패턴, 성격 등의 대안 데이터를 자사의 머신러닝 기술을 이용, 신용평가시스템을 개발했다.

｜ 인 사 이 드 스 토 리 ｜

SNS로 내 신용을 평가한다

"성실성이 낮아서 대출상환에 위험요소는 있지만, 외향성·개방성은 높아 긍정적 요소로 작용할 수 있습니다."
은행 창구 직원도, 대출상담사와의 대화도 아니다. 다소 어색해 보이는 이 상담은 로봇이 해준 것이다. 소셜신용평가서비스 업체인 ㈜핀테크의 분석툴이 필자의 페이스북 활동 내역을 분석한 뒤 건넨 내용이다. 필자는 ㈜핀테크가 제공하는 소셜신용평가

시스템을 통해 대출이 가능한지 분석해봤다. ㈜핀테크는 페이스북과 카카오스토리 등 소셜네트워크서비스(SNS) 활동 내역을 분석해 개인신용등급을 평가하는 시스템을 개발했다.

이 업체는 소셜신용평가 시 1차로 대출 신청자가 작성한 개인정보 위조 여부를 인터넷을 통해 검증한다. 대출 신청 시 기재

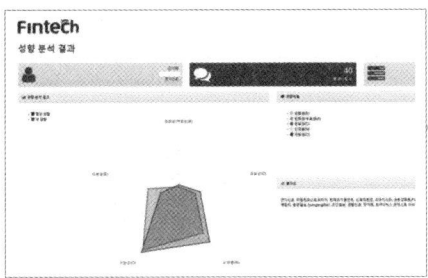

㈜핀테크의 소셜신용평가 시스템

한 이름, 직장, 직위, 연봉 정보가 건강보험공단 정보와 일치하는지 확인한다. 사용자 동의 하에 개인의 은행별 인터넷뱅킹 잔액을 취합하거나 신용카드사별 사용 내용을 종합하는 빅데이터 기술 '스크래핑'을 사용해 국민연금, 홈텍스, 주거래은행·카드, 통신사 이용내역 등을 모두 조회한다. 예를 들어 청약적금을 들었다면 신용평가에서 긍정적 요소다. 대부업체 거래가 있다면 부정적 요소로 작용한다. 카드 내역 중 새벽 1~6시 사이 카드사용이 있다면 부정적이다. 술 먹고 늦게 귀가하는 경우 상환능력이 좋지 않다는 판단이다.

마지막으로 SNS에 자주 사용한 단어를 분석해 대출 상환 의지를 파악한다. 필자의 페이스북 활동 내역을 분석해보니 총 포스팅 수 40개, 총 분석 단어 수는 826개였다. 이 단어들은 McCrae&Costa의 NEOPi 심리학 5요소로 분류된다. 형태소 분석을 통해 개방성, 성실성, 외향성, 친화·우호성, 신경증 등을 평가한다. 외향성이란 상위 요소는 30개 형태소가 1차 하위 요소로, 2차 하위 요소로 90개 형태소가 포함돼있다. 예를 들어 '따뜻함'이란 말이 SNS에 있다면 이는 외향성으로 분류된다.

2차 하위 요소에는 푹하다, 누그러지다, 훈훈하다 등이 있어 이에 해당되는 말을 SNS에 적었다면 이 또한 외향성이 높다고 인식된다. 겸손, 공손하다, 고분고분하다는 단어를 쓴다면 친화·우호성이 높다고 판단된다. 버릇없다, 건방지다, 도도하다 등은 친화·우호성이 떨어진다고 본다. 힘, 눈썰미, 지위, 신분 등 단어는 성실성이 높다고 분류된다. 갈등, 분란, 소동 등은 반대로 성실성이 낮다고 인식된다.

필자의 페이스북 '좋아요'로는 전자신문, 핀테크지원센터, 금융감독원, 세월호 등이 있었다. 성향분석 결과는 개방성이 높은 반면에 친화·우호성, 성실성이 평균치에 못 미쳤다. 개인이 일상 속에서 부정적 정서를 얼마나 자주 경험하는지 나타내는 신경증도 꽤 높았다.

㈜핀테크 관계자는 "SNS 성향 분석이 대출에서 절대적인 부분을 차지하지는 않지만 일본 등 해외에서는 상환의지를 판단하는 척도로 이미 자리 잡았다"며 "5요소 중 성실성이 높으면 좋은 평가를 받을 수 있다"고 말했다.

박성용 렌딧(P2P금융업체) 이사

렌딧은 기존 저축은행, 대부업체 등에서 높은 금리를 감당해야 했던 대출자들에게 은행 수준의 저금리 대출을 제공하고 있다. 렌딧의 대출 이자율은 개인은 연 4.5~15%, 사회초년생은 연 5.5~8%이며 연소득 2,400만 원 이상, 신용등급 8등급 이내 개인에게 3,000만 원까지 대출한다.

Q 렌딧의 대출방식은 무엇입니까?

A 렌딧만의 CSS스코어를 통해 등급을 산정한 후 대출을 실행합니다. 렌딧CSS스코어는 두 차례의 심사 과정을 거치는데 개인신용평가사인 나이스를 통해 대출 신청자의 최근 18개월 동안의 250가지 금융 정보를 제공받아 1차 심사가 이뤄집니다 이후 웹 상에서의 고객 행동을 분석하는 2차 심사를 거쳐요. 이 행동 분석은 렌딧의 자체 기술입니다. 대출자의 신용도 평가 중 10%가 빅데이터 분석을 통해 이뤄지는 셈입니다.

Q 알고리즘 통한 심사방식은 구체적으로 어떻게 진행되는지?

A 알고리즘을 이용해 신용도를 평가한 후 대출을 진행합니다. 여러 부문에서 광범위하게 대량의 빅데이터를 수집해 '연관 관계'를 찾고, 가설을 만들어 알고리즘에 적용하고 있습니다. 렌딧에서는 2차 심사 단계인 행동 분석에 적용됩니다. 고객이 렌딧 사이트에서 대출 단계 1, 2, 3, 4페이지까지 가는 과정에서 시간을 얼마나 썼는지, 페이지에서 스크롤링한 속도 등을 비교한 데이터들을 보면 어느 정도 행동적인 분석이 나와요. 고객 동의를 받아서 SNS 데이터 분석도 합니다. 2년 정도 데이터를 쌓아 향후에는 렌딧CSS스코어를 산출할 때 40% 정도로 활용 비율을 높일 계획입니다.

Q SNS 분석은 무엇을 말하나요?

A SNS 이용 시간과 기재한 단어 등을 분석해 대출 여부를 결정합니다. 렌딧 사이트에 대출 신청서를 쓸 때 오타를 내는 빈도, 사이트에 머무는 시간, 클릭 패턴 등을 통해서 상환 의지를 평가해요. 예를 들어 3,000만 원 대출 신청 버튼을 누르고 바로 넘어가는 사람이 있고 3,000만 원에 해당하는 이율 계산기를 눌러보는 사람이 있어요. 후자가 더 신중한 사람으로 판단하는 겁니다. 또 신용등급이 아무리 높아도 SNS 분석에서 사실과 다른 얘기가 나오면 대출 심사에서 탈락하기도 해요. 일단 믿을 수 없는 거죠. 이렇다 보니 거꾸로 신용등급이 낮아 은행 문턱은 못 넘지만 렌딧에서는 대출이 가능한 사람들도 꽤 됩니다.

은행에서는 신용등급 6등급이 넘어가면 무조건 아웃, 이런 식이지만 우리는 다른 부분으로 메워지면 대출이 가능합니다.

Q **렌딧은 주로 누구에게 대출을 해주는지요?**

A 사회초년생을 위한 대출을 목표로 하고 있습니다. 부모의 1차 퇴직 시기와 자녀의 대학 입학 시기가 겹쳐요. 부모가 2차 경제 활동을 하지 않으면 모든 부담은 자녀에게 가죠. 대부업자들이 이 점을 악용해서 이들에게 이미 많이 돈을 빌려줬어요. 고금리로 고통받는 사회초년생들이 저금리로 대환할 수 있는 기회를 만들고 싶습니다.

서상훈 어니스트펀드(P2P금융업체) 대표

◎ 머신러닝을 적용한 어니스트펀드 신용평가모델에는 어떤 특징이 있나요?

Ⓐ 기존 금융권에서 사용되지 않았던 고객의 심리, 행동패턴, 성격 등의 대안 데이터를 자사의 머신러닝 기술로 파악해 국내 실정에 특화된 신용평가 시스템을 개발했습니다. 기존 심사모형이 금융정보 위주로 몇 가지 변수마다 점수를 매겨 총합을 구하는 식이라면, 머신러닝은 인터넷이나 SNS 활동, 가족관계, 심리 테스트 결과, 과거의 시험성적 등까지 다양한 정보를 취합하고 각각의 변수끼리 상관관계까지 고려해서 심사하는 방식입니다.

◎ 기존 금융사보다 빅데이터가 현저하게 적을 것 같은데요.

Ⓐ 어니스트펀드는 기존 은행, 카드사보다 데이터 축적량이 적은 점을 만회하기 위해 IT기업과 제휴를 서두르고 있습니다. 금융권은 갖고 있지 않은 더 풍부한 데이터를 보유한 IT기업 3곳과 올해 내 파트너십을 구축해 이들이 가진 빅데이터를 이용해 대출에 필요한 심사평가, 정산 등 체계를 구축할 예정입니다.

◎ 알고리즘을 통한 대출심사에서 완벽한 자동화가 가능한가요?

Ⓐ 몇 년이 걸릴지는 모르겠지만 결국에는 필요한 데이터만 입력하면 별다른 절차 없이 컴퓨터가 리스크를 판단해 대출 실행 여부와 금리, 상한액 등을 알려주는 100% 심사자동화 시스템을 만들 예정입니다. 빅데이터와 알고리즘으로 완벽히 자동화된 대출 및 투자를 위해 더 치열하게 싸워볼 생각입니다. 금융의 본질은 리스크를 얼마나 잘 측정하느냐라고 봅니다. 고금리로 빌려준 뒤에 갚으라고 압박하는 게 아니라 진짜 고객 가치에 맞게 합리적으로 분석하는 것이 더 나은 사회를 만드는 길이자 우리 회사의 사명입니다.

인공지능 스타트업 위버플이 만든 금융전문검색엔진 스넥(SNEK)에 검색어 삼성, 포스코 등을 넣으면 현재 시각 기준으로 이들 기업의 시가총액, 현재주가 등 기업 개요와 매출액을 포함한 재무정보, 기사와 분석보고서 등이 한 눈에 펼쳐진다. 두 기업 중 어떤 기업에 투자할지 고민하던 투자자라면 한 눈에 비교하며 빠른 의사결정을 내릴 수 있다. 금융리서치 플랫폼 스넥에서 이용할 수 있는 가장 기초적이고 핵심적인 서비스다.

투자자가 기존 검색엔진에서 원하는 답을 찾으려면 검색어를 포함한 문서들을 일일이 클릭해야 한다. 하지만 스넥은 투자자가 원하는 답을 직접 도출해 화면에 바로 보여준다. 투자과정에서 빅데이터를 기반으로 투자자가 원하는 정보들 사이의 연관성을 확인, 수많은 정보 중 투자에 꼭 필요한 정보를 도출해 내는 방식이다. 스넥이 검색 결과를 도출해내는 기반은 현재부터 과거 30년까지 기록된 금융데이터들이다. 스넥은 15만 건에 달하는 금융 정보 데이터를 기반으로 특정 키워드를 입력하면 관련 금융정보를 골라 보여주는 서비스를 제공하고 있다.

미국 핀테크기업 크레딧카르마(Credit Karma)는 금융 상품 비교와 추천을 해 주고 은행으로 연결, 가입까지 도와주는 서비스를 제공하고 있다. 케네스 린 CEO가 2007년 창업해 2008년 정식 서비스를 시작했다.

크레딧카르마는 개인 신용정보를 무료로 제공하는 사업모델로 성공을 거뒀다. 2016년 상반기 기준 5천만 명 이상 고객이 이용 중이며, 공신력 있는 신용평가기관과 제휴해 신용정보를 제공한다. 또 고객 신용정보에 최적화된 맞춤형 광고를 통해 창출한 수익을 기반으로 무료 서비스를 제공하며, 맞춤형 광고는 제휴 금융회사의 상품 가입률 증가에 기여하는 등 윈윈전략을 내세우고 있다.

필리핀 핀테크기업 아이머니(iMoney)도 유사한 서비스를 제공하고 있다. 금융상품을 찾고, 비교하고, 신청까지 원스톱으로 할 수 있다. 은행에서 몇 시간씩 카드가입, 대출신청을 하기 위해 시간을 보낼 필요 없이 온라인에서 비대면으로 개인에게 가장 적합한 맞춤형 상품을 추천받을 수 있다.

알고리즘 매칭 – 전문가 인터뷰
이혜민 핀다 대표

핀다는 '개인별 금융상품 맞춤 추천 서비스'를 내걸고 출범한 핀테크 기업이다. 각 은행 사이트와 금융감독원 상품 공시 등에서 수집한 빅데이터를 기반으로 한 매칭 알고리즘을 통해 사용자의 과거 · 현재 · 미래 상황을 고려해 최적의 금융 상품을 찾아준다.

ⓠ 핀다를 어떨 때 이용하나요?

Ⓐ 보통 전세자금대출을 받거나 예 · 적금에 가입하고 싶을 때 지인의 추천을 받거나 발품을 팔아 은행에 찾아갑니다. 그러나 각 은행마다 천차만별인 우대금리 조건 등을 숙지하지 못해 정보 비대칭성이 컸죠. 소비자는 핀다 회원가입 없이 현재 소득과 자금 목적 등 10여 가지 질문에 답하면 맞춤형으로 금융상품 3개를 추천받을 수 있습니다. 개인정보도 필요 없고 은행 직원을 대면할 필요도 없어요. 쇼핑몰에서 옷을 사듯 금융상품도 자신에게 가장 맞는 상품을 찾을 수 있어야 한다는 생각이 절실했습니다. 꼼꼼히 비교하고 금융 상품을 쇼핑하는 '금융계 아마존'을 만드는 것이 목표입니다. 참고로 핀다는 중국 금융포털사이트 스타트업 롱360(Rong360)을 벤치마킹했습니다.

ⓠ 챗봇 응용은 어떤 방식으로 이뤄지나요?

Ⓐ 2016년 내 앱을 출시해 사용자 접근성을 향상시키고, 자동차보험과 대출 등 생활 친화적 상품도 추가할 계획입니다. 알고리즘을 통한 채팅봇 구축도 서두르고 있습니다. 채팅봇은 대화를 통해 나와 비슷한 지역, 직업, 소득이 있는 사람의 비교 데이터를 제공해주거나 고객이 원하는 최적화 상품을 실시간으로 답해주는 기능이 들어갑니다. 더 나아가 본인이 보유한 금융상품 관리, 저금리 대출 등 본인에게 유리한 상품이 출시된 경우 알림을 보내주는 기능도 탑재할 예정입니다.

04 인공지능으로 금융사기 막는다

Robo Finance

인공지능은 보험사기적발, 카드부정 사용방지, 자금세탁방지 시스템, 금융기관 직원에 의한 고의횡령 및 부실발생 가능성을 점검하는 감사정보 시스템 등의 분야에서 예측 정확도 제고와 운영효율성 향상을 위해 활용될 수 있다. 인공지능의 기계학습 알고리즘을 통해 금융거래의 위험도와 이상거래 발생 가능성을 스코어링하고 거래내역을 분석해 이상거래의 징후를 적시에 포착한다.

대표적인 것이 인공지능을 활용하여 금융사기를 예방하는 FDS(Fraud Detection System : 이상거래 탐지 시스템)이다. FDS는 부정사용이 의심되는 거래 행위를 탐지하고 사전에 차단하는 시스템이다. 금융보안연구원은 FDS 기술 가이드에서 △이용매체 및 각종 거래정보 수집 및 분석을 통한 실시간 처리 △다양한 채널 확대를 위한 확장성 보장 △전자금융 시스템 보안 솔루션 강화 구축 △개인정보보호 및 데이터 통제를 위한 암호화 등을 명시하고 있다.

기본적으로 FDS는 빅데이터 검색 엔진 기반의 시스템이라고 볼 수 있다. IP와 맥(MAC) 주소, 계정 정보를 중심으로 사용자의 평소 거래 패턴을 파악하고, 이를 벗어나는 패턴을 보이면 이상거래로 간주한다. 평소 낮 시간대에 소액결제가 많은 사용자가 갑자기 심야에 해외 사이트를 통해 거액의 물건을 결제한다면 이를 이상거래로 의심하는 식이다.

물론 이것만으로는 완벽한 이상거래 탐지를 보장할 수 없다. 때문에 보안 업계는 FDS의 오탐률을 낮추고, 정탐률을 높이기 위한 다양한 방안을 모색하고 있다. 특히 배치(batch)로 이뤄지는 일괄적인 분석 방식에서 벗어나 실시간으로 데이터 수집에서 탐지, 분석, 차단 처리 등을 처리할 수 있도록 FDS를 고도화하는 것이 핵심 과제로 부각되고 있다.

여기에서 핵심은 '실시간'이라고 해도 과언이 아니다. 모든 비대면 거래는 거의 실시간에 가깝게 처리되기 때문에 FDS 또한 실시간으로 피드백을 내놓지 못하면 그만큼 대응이 늦을 수밖에 없다. 거래가 진행되는 중에 이상거래 여부를 판단하고, 즉시 추가 확인 절차를 요구함으로써 피해를 막는 것이 가장 이상적인 FDS 구축의 성공사례라 할 수 있다.

이를 위한 대표적인 대안 중 하나가 머신러닝 기술이다. 단순히 과거의 데이터에만 의존할 것이 아니라 머신러닝을 통해 시스템이 스스로 학습하고, 보다 고도화된 패턴을 끊임없이 업데이트함으로써 분석에서 예측으로 나아가야 한다는 취지다. 실제로 미국의 핀테크 업체 빌가드(BillGuard)의 경우 머신러닝을 활용해 고객의 신용카드 사용 내역이나 은행 계좌이체 등을 감시하고, 의심스러운 청구나 거래 징후가 포착되면 즉시 경보를 보내는 서비스를 제공하고 있다.

특히 FDS에서 머신러닝은 일반적으로 현재 진행 중인 거래의 위험도와 특정 거래의 발생 가능성을 예측하는 데 큰 도움을 준다. 고객은 앱을 통해 신용카드·은행 계좌 도용 사기나 개인정보 유출 사기에 대한 보호 외에도, 명의도용 확인 서비스나 사용자의 신용에 나쁜 영향을 미칠 문제 등을 안내 받는다.

자금세탁 · 외화 불법유출, 인공지능으로 막는다 05

Robo Finance

자금세탁과 외화 불법유출을 막기 위한 금융정보분석원(FIU)에서도 인공지능을 도입하는 추세다. 인간이 수기로 해왔던 자금세탁 · 탈세 의심 금융거래 분석을 인공지능이 대체하면서 세수증대 효과가 기대된다.

호주의 FIU 기관인 AUSTRAC는 인공지능을 적극 활용하고 있다. 2013년부터 2016년까지 호주 RMIT대학과 함께 '복합금융거래와 조직범죄 네트워크에 대한 데이터마이닝 태스크포스'를 구성해 인공지능을 활용한 분석기법을 개발했다. 인공지능을 전공한 박사급 12명이 여러 세대가 복합된 네트워크 혐의도를 분석하는 데 인공지능을 활용하는 방식이다. 기존 고객 및 거래 중심의 자금세탁 위험측정 방식에서 다수의 거래자를 포함한 금융네트워크 전체에 대한 분석

모델로 진화했으며, 소프트벡터머신(support vector machine), 랜덤포레스트(Random Forest) 등 머신러닝 알고리즘을 활용했다.

한국은 이러한 호주 기법을 벤치마킹한다. 2001년 출범한 금융위원회 산하 FIU이 2017년 60억 원을 투입해 '인공지능 기반 차세대 자금세탁방지 분석 시스템'을 구축한다. FIU가 설립 이래 인공지능을 활용하는 것은 이번이 처음이다.

FIU는 은행 · 증권사 등 금융회사로부터 탈세 · 횡령 · 마약 거래 등 범죄에 관련된 것으로 의심되는 금융거래 명세를 분석해 검찰 · 국세청 · 중앙선거관리위원회 등 법집행기관에 넘겨주는 역할을 한다. 정부부처인 금융위원회 산하에 있지만 독립적으로 운영되며, 법무부 · 국세청 · 관세청 · 경찰청 · 한국은행 · 금융감독원 등 관계 기관에서 파견 나온 전문인력이 근무하고 있다. 금융기관에서 2천만 원 이상 고액 현금거래를 하는 경우(CTR), 자금세탁 · 탈세 등 범죄가 의심되는 거래를 하는 경우(STR) 이에 대한 정보는 FIU에 넘어간다.

금융기관이 FIU에 보고한 의심거래(STR) 정보 건수는 급증하는 추세다. 2011년 약 32만 9,500건에서 지난해 약 62만 4,000만건, 올해는 70~80만 건으로 집계됐다.

현재 6,000개 금융회사에서 들어오는 의심거래들은 매년 늘고 있지만 기존의 제한된 인력이 건건이 수기로 분석하다보니 속도와 정확도가 떨어지는 상황이다. 실제 우리나라 경제규모는 미국의 10분의 1에 불과하지만, 의심거래 정보는 미국(230만 건)의 3분의 1정도로 상당히 많은 수준이다.

한국거래소도 인공지능을 활용한 '차세대 시장감시시스템'을 구축했다. 한국거래소의 이 시스템은 인공지능으로 이상거래나 시장교란 등 불공정거래행위를 적발한다. 이상거래가 적발되면 불공정거래가 발생하기 이전에 해당 종목 등에 대한 투자를 경고하거나 차단한다. 또 이상거래 여부를 판단하는 거래내역 적출 및 분석 시간도 기존 2일에서 약 1시간으로 16배가량이나 단축시켰다.

공평하고 평등한
금융의 신세계

"블록체인이 국회에서 논의되려면 앞으로 몇 년은 더 있어야 하지 않을까요?"

국회 정무위원회 소속의 한 위원이 지난해 6월 사석에서 한 말이다. 그는 블록체인 업체가 규제 완화를 요구하자 난감하다는 표정을 지었다. 아직 국내에서 논의되기엔 시기상조라는 것이다. 그의 예상과 달리 신기술 속도는 빨랐다. 블록체인은 지난해 하반기부터 급물살을 탔고, 올해 금융권 패러다임을 혁신하는 기대주로 꼽힌다.

무엇보다도 정유년에 가장 주목받는 핵심 기술은 인공지능(AI)이다. 일반 기업들은 자동차, 전기전자, 의료, 유통, 광고 등에 이르기까지 인공지능을 접목한 새로운 산업에 기대를 걸고 있다.

가장 보수적이라고 꼽히는 금융권에서도 인공지능이란 신기술을 이용한 패러다임 변화가 감지되고 있다. 특히 로보 어드바이저가 본격적으로 꽃피우고 개인금융비서 '챗봇'의 등장으로 자산관리 시장이

격변할 것으로 보인다.

금융산업과 인공지능의 결합으로 로보 파이낸스는 이미 우리 생활에 침투했고 변화를 일으키기 시작했다. 몇 년 전만 해도 생체인증을 통한 모바일 뱅킹 서비스나 결제는 공상과학 영화 속에 등장하는 기술이었지만 이제는 은행, 증권사 창구에서 직원이 사라지고 로봇이 고객을 응대할 날이 머지않았다. 이미 일부분은 시작되었다. 가상현실 속에서 아바타 프라이빗뱅커(Private Banker)가 투자를 조언하는 일은 영화에서도 '과연 가능할까' 고개를 갸웃하게 만드는 것이었지만 불과 1~2년 만에 우리의 현실 속으로 들어왔다. 인공지능의 급속한 발전이 금융 생활을 송두리째 바꿔놓고 있는 것이다.

국내의 인공지능과 금융 간 융합은 미국, 영국 등 선진국보다 10년 가까이 뒤처졌다. 미국의 대표적인 로보 어드바이저 업체 웰스프론트와 베터먼트는 2008년에 설립됐지만 우리는 이제 겨우 발걸음을 뗐다. JP모건, 바클레이즈 등 세계 유수의 금융사도 이미 로봇자동화를 적극 활용하고 있다.

우리는 늦은 만큼 정부의 정책 지원이 뒷받침돼야 한다. 업계에서 요구하는 비대면 일임 계약 제한을 완화하는 방안 등을 적극 검토해야 한다. 안갯속에 싸인 미래의 시장을 더듬더듬 찾아가는 것은 기업들의 몫이다. 하지만 창의적인 도전들을 장려하고 다양한 시도가 가능하도록 넓은 공간을 마련해 주는 것은 정부와 금융당국이 할 수 있는 일이다.

기존 금융사들도 강 건너 불구경만 하고 있어서는 안 된다. 금융사들은 그간 온실 속 화초처럼 지냈지만 이제 신기술로 무장한 IT기업과 본격적으로 맞불 경쟁을 해야 하는 상황이다. 저금리·저성장 시대를 맞아 더 이상 예대 마진으로 수익을 내기 어려울 뿐만 아니라 고객의 눈높이도 점차 높아지고 있다. 기존 금융사들은 수동적인 태도로 정보기술(IT) 기업과의 제휴에 그치지 말고 신기술을 직접 개발하거나 인수합병(M&A)에 나서야 한다. 인공지능과 더불어 증강현실(AR), 가상현실(VR)에 대한 선도적인 준비가 필요하다.

로보 파이낸스를 활용한 자산관리는 인건비 등 점포 판매 관리비

절감뿐 아니라 수익률 증대와 편리함으로 젊은 세대의 새로운 고객 유입을 확대시킬 것이다. 이에 대비해 은행원들은 익숙하지 않은 인공지능을 공부하고 앞선 서비스에 대한 준비가 필요하다. 인공지능을 적용할 경우 단순히 고객 서비스의 질 향상에만 만족해선 안 된다. 인공지능을 활용한 자산관리, 챗봇, 신용평가, 이상금융거래 탐지 시스템(FDS), 자금세탁방지, 금융교육 등으로 수익모델 창출을 노려야한다.

일부에선 인공지능이 일자리를 빼앗을 것이라는 암울한 미래를 예견한다. 그러나 인공지능은 이제 더 이상 거부할 수 없는 거대한 흐름이다. 이에 대한 논쟁은 뒤로 하고 해결책을 모색해야 한다. 4차 산업혁명 시대는 신기술과 함께 이를 받아들여서 공유, 활용, 발전시키는 아이디어 중심의 생태계가 중요하다. 무엇보다 기존 금융권의 높은 진입 장벽으로 소외받아 온 금융 소비자도 인공지능으로 폭넓은 혜택을 누리는 한 해가 되길 기대한다.

로보 파이낸스가
만드는 미래금융지도

1판 1쇄 인쇄 | 2017년 1월 20일
1판 2쇄 발행 | 2018년 5월 3일

지은이 김지혜
펴낸이 김기옥

경제경영팀장 모민원 **기획 편집** 변호이, 김광현
커뮤니케이션 플래너 박진모
경영지원 고광현, 김형식, 임민진

디자인 디자인허브
인쇄 · 제본 민언프린텍

펴낸곳 한스미디어(한즈미디어(주))
주소 우편번호 121-839 서울특별시 마포구 양화로 11길 13 (서교동, 강원빌딩5층)
전화 02-707-0337 | **팩스** 02-707-0198 | **홈페이지** www.hansmedia.com
출판신고번호 제 313-2003-227호 | **신고일자** 2003년 6월 25일

ISBN 979-11-6007-111-5 13320